사 람 의 씨 앗

사람의
씨앗

전호근

메멘토

들어가며

아리스토텔레스가 인간을 가리켜 '두 발로 걷는 척추동물'이라고 정의한 글을 읽고 모욕감을 느낀 적이 있다. 인간을 동물에 견주어서가 아니라 분류(classification)와 정의(definition)의 대가로 철학사에 이름을 올린 그가 고작 두 발로 걷는다는 생물학적 특징만으로 인간을 정의했다는 사실이 불편하게 다가왔기 때문이다. 하긴 플라톤이 먼저 인간을 '털 없는 두 발 짐승'이라 한 적이 있으니 아리스토텔레스만 탓할 일은 아니라 하겠지만 매사에 스승의 견해에 반대했던 그가 어찌하여 정작 인간에 대해서만은 견해를 달리하지 않았는지 알다가도 모를 일이다.

그 때문에 나는 그들이 인간을 정의할 때 혹 자신이 인간이라는 사실을 잊었거나, 아니면 높은 곳에서 인간을 내려다보며 이러쿵저러쿵 이야기한 것 아닌가 하는 의심을 품기도 했지만, 굳이 그렇게까지 생각하고 싶지는 않다.

가령 나더러 인간을 정의해보라고 주문한다면 어린아이가 우물에 빠지려고 하면 냉큼 달려가 붙잡는 것이 인간이라고 이야기할 것이다. 이 말을 들으면 누구나 맹자의 측은지심을 떠올리겠지만 나는 그것을 맹자가 아니라 평범한 사람들의 삶에서 배웠다. 이를테면 서울역 앞에서 노숙인에게 과자를 건네던 어린아이, 커피를 타주면서 돈을 받을 수 없다던 후암동 할머니, 불길을 뚫고 몸이 불편한 장애인을 구출해낸 춘천의 세 청년이 바로 그들이다. 그들이 아니라면 내가 아무리 『맹자』를 백번 천번 읽었다 하더라도 무슨 근거로 인간이 단지 두 발로 걷는 척추동물일 뿐만이 아니라고 주장할 수 있겠는가.

　짐작건대 맹자도 다르지 않을 것이다. 맹자도 당시 백성의 삶을 보고 사람이라면 누구나 측은지심을 지니고 있다는 사실을 깨우쳤을 것이고, 거리에 가득한 사람이 모두 성인이라고 말했던 왕수인도 그 사실을 거리의 사람에게서 배웠을 것이다. 내가 그들의 글을 사랑하는 까닭은 그들이 인간을 정의하기 이전에 자신이 인간이라는 사실을 잊지 않아서이다.

　이 책에 수록한 글들은 《경인일보》에 칼럼으로 발표하거나 《경희대학교 대학주보》와 《월간에세이》에 게재했던 것도 있지만 사회관계망서비스 페이스북에 올렸던 글들이 가장 많다.

책의 제목 '사람의 씨앗'은 공자가 평생을 통틀어 가장 자주 말했던 '인(仁)'을 우리말로 옮긴 것이자 맹자의 '측은지심'을 가리켜 한 말이기도 하다. 글의 내용은 옛사람의 책을 읽고 배운 바를 기록한 것도 있지만 대부분은 내가 지금까지 살아오면서 만났던 사람들로부터 배운 이야기다. 본디 독자를 염두에 두고 썼다기보다 나의 비망을 위한 기록으로, 거창한 이야기나 특별한 경험담이 없고 누구나 겪을 수 있는 흔하고 사소한 이야기들이다. 그런 사소한 일들이 내 삶의 궤도를 조금씩 수정하게 했고 이 책은 그런 궤적을 기록한 것이다.

이 책을 펴내기까지 애써주신 분들이 있다. 원고 선별에 도움을 주고 딱딱한 문체를 읽기 쉽게 고쳐준 편집자 문해순 님과 박기효 님, 멋진 디자인으로 책을 돋보이게 꾸며준 디자이너 여상우 님, 책의 기획에서부터 편집에 이르기까지 모든 면에서 노고를 아끼지 않은 메멘토 대표 박숙희 님께 감사드리며, 20대 여성의 시선으로 글을 읽고 의견을 들려준 나의 딸 전성은에게도 고마운 마음을 전한다.

1부 ——————————— "사람이 다쳤느냐?"

"사람이 다쳤느냐?"

공자는 『논어』를 읽어본 적이 없다. 뚱딴지같은 이야기지만 그럴 수밖에 없다. 공자는 그저 말을 했을 뿐이고 한번 내뱉은 그 말은 여느 말처럼 공중에 흩어져 사라져버렸다. 아마도 공자는 자신의 말이 후세에 전해지리라는 생각은 전혀 못 했을 것이다. 공자의 말을 기록한 『논어』는 스승이 세상을 떠난 후 제자들의 기억 속에서 두 세대 동안을 건디다가 제자의 제자 대에 이르러 비로소 기록되었다. 그런데, 기록된 내용을 읽어보면 참으로 이상하다. 난생처음 듣는 신기한 이야기도 아니고 자신도 모르게 무릎을 칠 만큼 재미난 이야기도 아니고 가슴 불타는 정의감을 불러일으키는 말도 아니기 때문이다. 『논어』에 나오는 이야기는 이를테면 이런 내용이다.

마구간에 불이 났다. 공자가 퇴근하여 그 이야기를 듣고 이렇

17

게 물었다. "사람이 다쳤느냐?" 그러고는 말〔馬〕에 대해서는 묻지 않았다.

이게 끝이다. 도대체 제자들은 왜 이런 이야기를 기억하고 있었을까? 이 질문에 답하려면 공자가 살았던 시대에 말과 사람이 어떤 값으로 거래되었는지 알아야 한다. 당시에는 사람 값보다 말 값이 더 비쌌다. 사람보다 말의 값어치에 더 관심을 두었던 세상에서 반대로 행동했다면 여기에 담긴 의미는 자못 크리라. 제나라의 재상 안영이 현인 월석보를 말 한 필과 바꿔 온 일이나, 진나라 목공이 양을 대가로 주고 노예로 끌려가던 백리해를 데려온 일이 이야깃거리가 되는 것도 이 때문이다. 세상 사람들이 가장 값어치가 있다고 여긴 것보다 사람을 더 중시한 까닭이다. 그래서 공자가 말이 아닌 사람에 대해 물은 것은 언뜻 평범해 보이지만 사실 세상의 가치 서열을 송두리째 뒤엎는 놀라운 이야기인 것이다.

『논어』는 무려 2500년이라는 오랜 세월을 견뎌온 헌책 중의 헌책이다. 사라지는 것이든 지속되는 것이든 다들 그럴 만한 이유가 있다. 책의 경우에는 더 그렇다. 어떤 책의 가치를 가늠하는 데 시간의 흐름보다 더 공정한 심판관이 있을까. 『논어』는 기나긴 세월 동안 참으로 다양한 방식으로 읽혀왔다. 순자는

『논어』의 편제를 따라 저술을 했고 사마천은 『논어』의 구절로 열전을 시작하고 마무리했으며, 책 살 돈이 없어 서점에서 책을 통째로 외웠다는 한나라의 왕충은 『논어』를 읽은 뒤 공자에게 따져 묻는 「문공」 편을 남겼다. 그런가 하면 송나라의 재상 조보는 반부(半部)의 『논어』로 천하를 다스린다는 '반부논어치천하(半部論語治天下: 절반의 『논어』로도 천하를 다스릴 수 있다)'라는 말을 남겼다. 전통 시기 『논어』는 단순한 고전이 아닌 '경(經)'으로 절대시되었다.

그러나 근대의 길목에서 『논어』는 봉건 윤리의 대명사로 지목되더니, 급기야 지주계급을 옹호하는 이데올로기로 비판받았다. 또 문화혁명 때 사람들은 공자를 반혁명 분자라 비난하는가 하면 오곡을 분간치 못하고 사지를 놀리지 않은 기생충이라 했다. 다 맞는 말이다. 예나 지금이나 성현의 말씀을 팔면서 손을 수고롭게 하지 않고 남의 땀으로 빚어진 음식에 빌붙는 자가 많으니 말이다. 얼마 전 이 나라에 왔다 간 인기 지식인 슬라보예 지젝은 『논어』를 읽고 공자를 멍청이의 원조라 했다. 이 또한 맞는 말이다. 어떤 책이든 멍청하게 읽으면 멍청한 책이 되기 마련이니.

『논어』를 읽고 나서 하는 이런저런 이야기는 다 일리가 있으며 심지어 반대로 말하는 것도 일리가 있다. 다만 읽지 않고서는 이러한 담론에 끼어들 수가 없다. 이 시대에 『논어』가 멍청이의 헛소리가 될 것이냐, 아니면 삶의 양식이 될 것이냐는 모름지기 당신이 『논어』를 어떻게 읽느냐에 달려 있다. (2013. 3. 11. 《경희대학교 대학주보》)

역사는 승자의 기록이 아니다

역사는 승자의 기록이 아니다. 적어도 『사기』의 경우에는 그렇다. 중국 최초의 통사(通史) 『사기』는 승자의 기록이기는커녕 오히려 실패한 자들에게 바치는 헌사에 가깝다. 가령 사마천의 비극이 아니었다면 『사기』는 흔한 역사서와 다르지 않은 평범한 기록물로 남았을 것이다. 그가 목숨을 걸고 옹호했던 한(漢)나라의 장수 이릉(李陵)은 패장이었을 뿐 아니라 황제의 군대를 이끌고 흉노에 항복한 국가의 배신자였다. 예나 지금이나 패자의 용기는 드러나기 어렵고, 믿음을 저버린 행위는 비난받게 마련이다. 하지만 사마천은 그런 패자이자 배신자인 이릉의 용기를 세상에 드러내 한나라가 그를 버리지 않았음을 천하에 알리려고 했다. 그래서인가. 『사기』는 다른 역사서와 비교해보면 서술의 순서부터 판이하다.

　『사기』 전체 분량의 절반을 넘는 「열전」에서는 굶어 죽은 자가 맨 앞에 나서고 돈을 벌어 치부(致富)한 자가 맨 뒤에 물러나 있다. 진왕을 죽이려다 실패한 칼잡이 형가에 대한 평가는 결코 승자였던 황제 유방의 아래에 있지 않으며, 옥에 갇혀 억울한 죽임을 당한 한비가 당대의 영웅들과 이름을 나란히 하고 있다. 그러니 『사기』를 두고 말하자면 역사는 승자의 기록이 아니다. 무엇보다 사마천 자신이 생식기를 잘리는 치욕적인 부형(腐刑)을 받고 구차한 삶을 이어갔던 시대의 패배자였다. 그런 점에서 『사기』는 승리를 구가하는 기록이 아니라 패자가 감내했던 치욕과 발분의 소산이다.

그는 이렇게 말한다.

사람은 누구나 한 번 죽기 마련이지만 어떤 죽음은 태산보다 무겁고 어떤 죽음은 새털보다 가볍다. 형틀에 묶인 채 회초리를 맞거나 몸뚱이가 훼손되고 팔다리가 잘리는 것은 치욕스런 일이다. 그러나 생식기를 잘리는 부형을 당하는 일이야말로 치욕의 극이다. 내가 이런 치욕을 참고 구차히 살면서 더러운 삶을 마다하지 않는 까닭은 아직 다하지 못한 말이 마음에 남아 있는 것이 한스럽고 세상에서 사라진 뒤에 문장의 찬란함으로 후세에 드러나지 못하는 것을 부끄럽게 여겨서이다.

사마천은 자신이 100세대가 지나도 씻을 수 없는 치욕을 당했다고 생각했다. 그래서 하루에 내장이 아홉 번이나 뒤틀리는 고통을 맛보고, 늘 등줄기에 식은땀을 흘렸다. 그런 그가 치욕을 감수하면서 끝내 남기고자 한 말이 『사기』로 남았고 여기에 담긴 문장은 찬란하기 비길 데 없다.

역사를 뜻하는 '사(史)' 자는 본디 '중(中)' 자와 '우(又)' 자가 합쳐진 글자로 화살을 쏘아 몇 번 맞혔는지를 기록한 점수판〔中〕을 사람이 손〔又〕으로 들고 있는 모습을 그린 글자다. 화살을 쏘는 것이 과거를 살았던 어떤 사람의 행위를 뜻한다면 점수판은 그에 대한 기록, 곧 평가를 의미한다. 그러니 역사는 한낱 과거의 기록에 불과한 것이 아니다. 평가하는 사람은 아직 오지 않은 미래에 있기 때문이다. 그래서 사마천은 이렇게 말한다.

옛날 서백은 갇혀 있으면서도 『주역』을 풀이했고〔演〕, 공자는 곤경에 빠졌으면서도 『춘추』를 지었으며〔作〕, 굴원은 쫓겨났으면서도 「이소」를 노래했고〔著〕, 좌구명은 눈이 멀었지만 『국어』를 남겼다〔有〕. 손빈은 발이 잘렸으면서도 병법을 논했고〔論〕, 여불위는 촉으로 쫓겨났으면서도 세상에 『여씨춘추』를 전했으며〔傳〕 한비는 진나라에 갇혔지만 「세난」과 「고분」을 저술했다. 이들은 모두 마음에 맺힌 것이 있었지만 그것을 말할 수 있는 길

을 얻지 못했다. 그래서 지나간 일을 기록하여 미래를 기약한
것이다.

오직 현재의 권력에 모든 것을 바치는 자가 다수인 이 시대에
아직 오지 않은 미래를 기약하는 자 누구인가. (2013. 9. 2.《경
희대학교 대학주보》)

일한 사람이 쉴 수 있는 세상

중국 춘추전국시대 제자백가 중 한 사람인 묵자는 수레를 만드는 기술 노동자였다. 당시 그를 비롯한 기술자들은 수차와 호미 같은 새로운 농기구를 만들어 물질적 풍요를 이루는 데 크게 기여했다. 하지만 당시의 지배자들은 기술이나 노동에 종사하는 이들의 노고를 돌아보지 않았기에 그들의 삶은 여전히 노예와 다를 바 없는 처지를 벗어나지 못했다. 이런 세태에서도 기술자 집단의 우두머리였던 묵자는 기술과 노동의 가치가 얼마나 소중한지를 일깨우려 했다. 그는 인간이 인간인 이유를 노동하는 데서 찾았다.

사람은 본디 날짐승이나 길짐승과는 다른 존재다. 짐승들은 깃이나 털을 그대로 옷으로 삼고 물이나 풀을 그대로 먹을거리로 삼지만, 사람은 이들과 달라 노동하는 자는 살아나갈 수 있고 그렇지 못한 자는 살아나갈 수 없다.

그가 생각하기에 인간은, 깃이나 털을 가공하지 않고 옷으로 삼고 물과 풀을 먹는 짐승들과는 달리 노동을 통해 자연을 넘어서는 존재다. 돌려 말하자면, 그에게 일하지 않는 사람은 더 이상 사람일 수 없었던 것이다. 이 때문에 그가 말하는 정의도 다른 철학자들과는 사뭇 다른 방향으로 의미가 부여된다. 세상은 남의 것을 훔친 자를 부도덕하다고 비판하지만 묵자는 스스로 노동하지 않고 남의 노동을 훔친 행위, 곧 남의 노동을 착취하는 행위야말로 가장 부도덕한 행위라고 비판했다.

따라서 그런 노동 착취 행위가 가장 큰 규모로 일어나는 침략 전쟁은 약자에 대한 강자의 부당한 폭력이라고 지적한다. 당연히 전쟁이야말로 가장 중대한 사회적 불의라는 결론이 나온다. 실제로 그는 약자를 보호하기 위해 방어 집단을 구성하여 침략자에게 조직적으로 저항하기도 했다.

묵자는 또한 다른 철학자들과 마찬가지로 당대를 대혼란의 시대로 보았지만 혼란을 바라보는 관점은 매우 달랐다. 당시의 혼란을 묵자는 이렇게 정리했다.

백성에게는 세 가지 걱정이 있다. 굶주린 자가 먹지 못하는 것, 추위에 떠는 자가 입지 못하는 것, 수고롭게 일한 자가 쉬지 못하는 것이다. 이 세 가지야말로 백성들에게 가장 큰 걱정거리이다.

이 말에서 그의 철학이 굶주리고 추위에 떠는 백성, 수고롭게 일하는 자들의 처지를 대변하고 있음을 알 수 있다. 특히 굶주리고 추위에 떠는 자뿐 아니라 수고롭게 일하고도 쉬지 못하는 이들의 고통을 이야기할 수 있었던 것은 자신이 일하는 자의 고통을 누구보다 잘 알고 있었기 때문이다. 2000년도 더 지난 이야기이지만 지금의 한국 사회에 비추어 보아도 묵자의 말은 여전히 돌아볼 만한 점이 없지 않다.

말할 것도 없이 현대의 한국인들은 고대의 춘추전국시대 사람들과는 비교할 수 없을 정도로 풍족한 생활을 누리고 있으며 굶주리거나 추위에 떠는 이들도 많이 줄어들었다. 하지만 한국인들은 그다지 행복한 것 같지 않다. 오히려 자살률이 높고 행복도가 낮아 대체로 우울하게 살아가는 것처럼 보인다. 원인은 여러 가지가 있을 테지만, 최근의 통계를 보면 한국인의 우울은 무슨 실존적인 고민이 아니라 노동시간이 절대적으로 많은 데서 기인하지 않았나 하는 의심을 지울 수 없다.

OECD에서 발표한 '2017 고용 동향'에 따르면 2016년 한국 노동자의 1인당 평균 노동시간은 OECD 국가 중 멕시코 다음으로 길다고 한다. 자세히 살펴보면 OECD 평균보다 1.7개월을 더 일하며, 연간 평균 노동시간이 짧은 독일과 비교하면 무려 넉 달을 더 일한다. 한국 노동자들은 한마디로 수고롭게 일하고도 쉬지 못하는 이들인 셈이다. 어떤 이들은 노동생산성이 그만큼 떨어지기 때문이라고 한다. 그렇다면 한국 노동자들의 자질이 독일 노동자보다 넉 달을 더 일해야 할 정도로 떨어진다는 말인가? 터무니없는 주장이 아닐 수 없다. 오히려 많이 일하면 생산성도 올라간다는 주장에 대한 반대 증거로 이해하고 노동시간을 줄여야 할 것이다.

2000년 전에 묵자는 일한 자는 쉬어야 한다고 잘라 말했다. 그가 시대적 요청에 명징하게 답한 것처럼 이제 한국 사회도 부의 분배만이 아니라 쉼의 분배에도 관심을 가져야 한다. 수고롭게 일한 모든 이들이 마음 놓고 넉넉히 쉴 수 있는 날이 이제는 와야 하지 않을까. 2000년 하고도 몇 백 년이라니, 기다림이 너무 길다. (2017. 11. 13. 《경인일보》)

사람의 씨앗

1993년 어느 여름날, 중국 후베이성(湖北省) 징먼시(荆门市)에서 학자들이 밤잠을 설칠 만한 일대 사건이 일어났다. 바로 전국시대 초나라의 공동묘지였던 곽점촌의 어느 무덤에서 죽간이 대량으로 출토된 것이다. 죽간이란 얇게 다듬은 대나무 조각을 말하는데, 학자들은 이를 통해 기원전 400년 무렵, 곧 지금부터 2400년 전의 문자를 생생하게 마주하게 되었다.

그런데 이 죽간에는 仁(인) 자가 사뭇 달리 쓰여 있었다. 사람의 몸을 뜻하는 身(신) 자가 위에 있고 마음을 뜻하는 心(심) 자가 아래에 있는 모양이었다. 이 글자의 뜻을 정확히 알려면 더 오래된 갑골문자의 身(신) 자를 살펴볼 필요가 있다. 갑골문의 身(신) 자는 사람을 뜻하는 人(인) 자의 배가 불룩 나온 모양으로 그려져 있다. 곧 임신한 여성의 몸이다. 이 모양을 기준으로 생각해보면 '인'은 임신한 여성이 자신의 몸에 깃들어 있는 또

신(身)의 옛 글자들

다른 생명을 생각하는 마음이라고 이해할 수 있다. 이는 어떤 마음일까? 아이를 가져본 적이 없어서 잘은 모르겠지만, 아이 덕분에 뭔가 이득을 얻을 것이라는 계산속은 결코 아닐 것이다. 글자의 모양대로 보면 머리로 생각하는 것이 아니라 몸으로 느끼는 마음일 테니 말이다.

함께 출토된 문헌에는 또 다른 모양의 '仁(인)' 자가 있는데 위에 人(인) 자가 있고 아래에 心(심) 자가 있는 모양이다. '사람의 마음' 또는 '사람을 사랑하는 마음' 정도로 이해할 수 있겠다. 그런가 하면 후한 시대의 『설문해자』라는 책에는 千(천) 자가 위에 있고 心(심) 자가 아래에 있는 모양으로 '인(仁)'을 표기하고 있다. 천(千)은 천 명의 사람이란 뜻이니 곧 인은 천 사람의 마음이라는 뜻이다. 물론 이때의 千(천)은 산술적인 수효가 아니라 모든 사람을 의미한다. 천 명이면 천 명이, 만 명이면 만

명이 모두 가지고 있는 마음이니 이런 마음이 없다면 사람이라 할 수 없다는 뜻이다. 인(仁)은 사람의 씨앗이다.

옛사람들은 인(仁)을 사람이 아닌 다른 사물에서도 보았다. 예컨대 복숭아 씨앗을 도인(桃仁)이라 했고 살구 씨앗을 행인(杏仁)이라 한 것을 보면 인은 사람을 사람이게 해주는 씨앗일 뿐 아니라 다른 사물의 씨앗을 가리키는 말이기도 했던 것이다.

이 인이 무엇인지 가장 잘 알고, 누구보다 강조했던 사람은 두말할 것 없이 공자다. 공자 이전의 문헌, 이를테면 『서경』은 글자 수가 2만 5000자에 달하지만 '인' 자는 불과 다섯 차례밖에 나오지 않는다. 또 고대의 시 311수를 모아놓은 『시경』은 거의 4만 자가 되지만 '인' 자는 겨우 두 차례밖에 나오지 않는다. 반면 공자의 어록인 『논어』는 불과 1만 5000여 자에 지나지 않는 짧은 기록이지만 '인' 자가 무려 108회 나온다. 그러니 인을 알고 싶다면 공자에게 물어보는 것이 가장 좋은 방법일 것이다. 그런데 공자는 인에 대해 말할 때마다 모두 다르게 이야기했다. 예를 들어 번지라는 제자가 인이 무엇이냐고 여쭙자 '사람을 사랑하는 것[愛人]'이라고 가르쳐주었고, 안연이 인에 대해 묻자 '나의 욕심을 이기고 남을 배려하는 마음을 회복하는 것이 인[克己復禮爲仁]'이라 대답했다. 또 중궁에게는 '내가 바라지 않는 것을 남에게 강요하지 마라[己所不欲 勿施於仁]'고 일러주었다. 심지어 늘 말이 많아서 꾸지람을 들었던 사마우가 인에 대해 묻자 '말을 적게 하는 것이 인〔仁者 其言也 訒〕'이라고 이야기해주기도 했다.

공자가 이렇게 여러 갈래로 이야기한 인을 하나로 묶어 핵심을 보여준 사람은 맹자다. 맹자는 어린아이가 막 우물에 빠지는 순간을 가정한 '유자입정(孺子入井)'의 비유를 들어, 사람은 누구나 측은지심(惻隱之心)을 가지고 있다고 이야기한다. 맹자는 어린아이가 우물에 빠지는 안타까운 상황을 목도하면 그 사람이 아무리 나쁜 사람이라도 일단 아이를 불쌍히 여기고 가슴 아파하는 마음을 갖게 된다고 이야기한다. 맹자는 이 측은지심이 인의 실마리라고 말하는가 하면 때로는 측은지심이 바로 인이라고까지 이야기한다.

혹 어린아이가 우물에 빠지는 상황을 가정하고 모든 사람에게 측은지심이 있다고 이야기하는 맹자가 인간을 너무 좋은 쪽으로만 보았다고 생각할 사람이 있을지 모르겠다. 하지만 요즘에도 그런 일이 종종 일어난다. 이를테면 지하철 구내에서 사람이 철로에 떨어진 순간 어떤 사람이 번개처럼 뛰어들어 구해낸 일이 있었다. 사람을 구하는 짧은 순간, 그에겐 어떤 계산도 있을 수 없다. 맹자가 보기에 이런 행동은 모두 타인을 자신의 몸처럼 사랑하는 인의 발현이다. 설사 그것이 모든 사람에게 늘 드러나는 것은 아니라 할지라도 사람이라면 누구나 이런 마음을 간직하고 있다는 것이 맹자의 주장이며, 그 근거는 인간이 유달리 다른 존재의 고통에 민감하게 반응한다는 데 있다. 다른 사람의 고통을 나의 고통으로 느끼는 마음은 곧 사람을 살리는 마음으로 이어진다. 바로 이것이 인이다. (2016. 2. 3.)

생각할 겨를도 없이

며칠 전 텔레비전 뉴스에서 강원도 춘천시 약사동에서 일어난 화재 사고 소식을 접했다. 70대 노부부와 손자가 사는 집에 화재가 발생했는데 할아버지와 손자는 곧바로 밖으로 대피했지만 휠체어를 타고 있어 거동이 불편한 할머니는 빠져나오지 못하고 있었다. 다급해진 손자가 주변에 도움을 청하자 마침 근처 음식점에서 밥을 먹고 있던 청년 셋이 불길 속으로 뛰어들어 휠체어에 앉아 있던 할머니를 구했다는 것이다.

방송사의 카메라 앞에 선 청년 중 한 명은 인터뷰에서 이렇게 말했다.

"안에 사람이 있다는 말을 듣고 '생각할 겨를도 없이' 불길 속으로 뛰어들어 할머니를 구해 밖으로 나왔습니다."

뉴스를 보고 있던 나에게는 청년이 한 말 중에 '생각할 겨를도 없이'라는 표현이 참으로 인상 깊게 다가왔다. 맹자가 말한

'출척측은지심(怵惕惻隱之心)'이 바로 이런 경우를 두고 한 말이기 때문이다.

일찍이 맹자는 어린아이가 우물에 빠지는 일을 목도하게 되면 누구나 '출척측은지심'을 가지게 된다고 했다. 여기서 맹자가 말한 측은지심은 그가 주장하는 성선설의 중요한 근거이기도 하다.

그는 측은지심을 필두로 악을 부끄러워하고 미워하는 수오지심(羞惡之心), 다른 사람에게 양보하는 마음인 사양지심(辭讓之心), 무엇이 옳고 무엇이 그른지 가리는 시비지심(是非之心)을 두고 인간의 선한 본성을 확인할 수 있는 네 가지 마음이라는 뜻에서 사단(四端)이라고 했다. 이어서 사람에게 사지(四肢)가 있는 것처럼 누구나 이 네 가지 마음이 있다고 말하며 만약 이 네 가지 마음이 없으면 사람이 아니라고까지 이야기했다. 맹자에 따르면 이런 마음은 배워서 아는 것이 아니고 깊이 생각해서 아는 것도 아니다. 타고나는 양지(良知)요 양심이기 때문이다.

맹자가 사단의 으뜸으로 강조한 측은지심은 흔히 연민이나 동정심 정도로, 다시 말해 타인을 불쌍히 여기는 마음으로 이해된다. 하지만 정확하게 말하면 측은(惻隱)의 '측(惻)'은 다른 사람의 마음을 헤아린다는 뜻이고 '은(隱)'은 다른 사람의 고통을 가리키는 말이다. 따라서 측은지심은 타인의 고통을 나의 고통으로 느끼고 헤아리는 마음이라 하겠다.

그런데 맹자는 그런 마음이 일어나는 데는 '출척'이라는 전제가 있다고 말한다. '출척'은 갑작스러운 상황에 '깜짝 놀라는 마음'이다. 맹자는 이런 마음이 일어나는 까닭은 아이의 부모에게 잘 보이기 위해서나 이웃 사람의 칭찬을 바라서가 아니며, 구해 주지 않았다는 비난이 두려워서도 아니라고 이야기했다. 아이의 부모나 이웃의 칭찬 및 비난을 '생각하지 않는 가운데' 갑자기 일어나는 마음이 '출척'이라 본 것이다.

맹자의 이야기는 참으로 설득력이 있다. 그는 인간의 이성이나 다른 능력에 주목하지 않고 오히려 아무런 생각 없이 갑작스럽게 일어나는 마음에서 인간의 본성이 선하다는 확신을 이끌어냈던 것이다. 만약 위급한 상황에 처한 사람을 도우려는 마음이 생겼을 때 곧바로 행동하지 않고 이것저것 따지게 되면 어떤 일이 일어날까? 아마도 자신이 감당할 위험을 두려워해 소방관이 오기를 기다리거나 구조를 주저할지 모른다. 혹은 행동의 결과에 따른 이로움이나 불리함을 따져보기도 하지 않을까? 그러는 사이 사람의 생명을 구할 수 있는 소중한 기회는 영영 사라져버리고 말 것이다.

이런 이유로 나는 불길 속에서 할머니를 구한, '생각할 겨를도 없이' 측은지심을 발휘한 청년들의 용기 있는 행동에 거듭

찬사를 보낸다. 먹던 밥알을 토해내고 이웃의 귀중한 생명을 구해낸 세 청년에게 지면으로나마 존경과 감사의 마음을 전한다.

(2017. 12. 18.《경인일보》)

성자(聖者, '聖'字)의 조건

뚱딴지같은 물음을 한번 던져보자. 공자는 언제부터 성인이었을까? 본디 성인은 공자 같은 평민을 가리키는 용어가 아니라 덕이 높은 제왕, 곧 성왕(聖王)을 가리키는 말이었다. 예컨대 요, 순, 우, 탕, 문, 무, 주공 등이 유가(儒家)에서 말하는 성인이다. 이중 주공을 제외하고는 모두 고대의 제왕이다.

일찍이 장자는 유가를 내성외왕(內聖外王)의 학문으로 규정했는데, 내성외왕이란 내면의 덕을 기준으로 말하면 성인이고 사회적 지위를 기준으로 말하자면 왕위를 차지한 자라는 뜻이다. 본디 유가는 스스로 왕이 되어야 하는 운명을 타고난 존재였던 것이다.

그런데 공자는 왕이 되기를 바라지는 않았고 대신 주공(周公: 주나라 문왕의 아들이자 무왕의 동생이다. 형인 무왕을 보좌하였고 무왕 사후 그의 아들인 성왕을 도와 주나라의 기틀을 잡았다)을 꿈에서 자주 볼 정도로 흠모했다. 주공이 훌륭한 통치자였기도 하거니와 제왕이 아닌 신분으로 조카를 보좌하여 천하를 다스렸기에 공자가 도달할 수 있는 유일한 성인이었기 때문이다. 이는 공자뿐아니라 후세의 모든 유학자들이 바란 것이기도 하다. 스스로 내성외왕의 성왕(聖王)이 될 수 없는 유가 지식인이 할 수 있는 일은 오로지 현실의 왕(外王)을 성인(內聖)으로 만드는 길뿐이었던 것이다.

그럼 어떻게 해야 성인이 될 수 있는가. 글자를 기준으로 하면 聖(성)은 다른 사람의 말을 잘 들어주는 사람이다. 갑골문의 聖(성) 자는 귀가 큰 사람(耳+人)이 입(口) 옆에 서 있는 모양이다. 따라서 聖(성)은 큰 귀를 강조한 글자로, 다른 사람의 말을 잘 들어주는 사람을 의미한다.

그러니 공자가 성인이 된 것은 아무래도 예순부터라고 해야 할 것이다. 공자는 스스로 육십에 '이순(耳順)'했노라고 말했다. 이순은 '귀가 순해졌다'는 뜻이다. 耳(이) 자야 귀의 모양을 그대로 그린 상형문자이니 설명할 것도 없고, 順(순) 자는 시내를 뜻하는 川(천) 자와 사람의 머리를 뜻하는 頁(혈) 자로 구성되어 있다. 그래서 '順(순)' 자는 물이 흐르는 냇가에 사람이 서 있어서, 물이 흘러가는 대로 따라가는 모양이다. 그래서 거스르지 않고 따른다는 뜻으로 쓰인다. 그렇다면 이순(耳順)은 아무리

하찮은 말이라도 거슬림을 느끼지 않고 잘 들어주었다는 뜻이다. 성자의 조건에 꼭 들어맞는다.

말을 잘 들어주는 것, 그까짓 일이 뭐 대단하다고 성인이라 하느냐고 반문할지 모르겠다. 하지만 말을 들어주는 것은 결코 쉬운 일이 아니다. 옳은 말이 아닌, 그른 이야기일 경우에는 더욱 그렇다. 옳은 말, 훌륭한 말, 아름다운 말, 자신과 견해가 같은 사람의 말뿐만 아니라 그른 말, 지루한 말, 듣기 괴로운 말, 자신과 견해가 다른 이의 말도 잘 듣는다는 뜻이다. 그저 잘 들어주기만 하면 되는데 이조차도 참으로 어렵다. 미국 뉴욕의 어느 빈민가에 고등학교가 들어선 뒤 마약 소굴에 지나지 않았던 동네에서 의사, 변호사, 교육자 같은 이들이 배출되었다. 그들을 가르친 선생님의 말씀은 이랬다.

"나는 단지 그들의 이야기를 들어주었을 뿐입니다."

나는 잘 들어주는 사람일까? (2016. 2. 7.)

뜻을 지니고 있어도

학이 외딴곳에서 울면 그 소리가 하늘에까지 들린다〔鶴鳴九皐 聲
聞于天〕.

『시경』「학명」편에 보이는 이 말은 선비가 수양으로 자신을 깨
끗하게 하면 반드시 세상에 드러나게 된다는 뜻으로 자주 쓰인
다. 하지만 선비가 수양을 하는 이유는 세상에 드러나기 위해서
가 아니다.

태공망(강상 혹은 강태공. 문왕과 무왕을 도와 주나라를 건국한 공신)
은 위수 북쪽에서 낚시질하며 평생 수양에 매진했지만 세상에
알려지지 않았다가 일흔두 살에 문왕을 만나 비로소 뜻을 펼칠
기회를 얻었다. 만약 문왕을 만나지 못했다면 이름 없는 촌로로
삶을 마쳤을 것이다. 태공망 같은 인재도 이러했는데 그보다 못
한 이들이야 말해 무엇하겠는가.

싹을 틔우고서도 꽃을 피우지 못하는 경우가 있듯이 뜻을 품고 있어도 이루지 못하는 경우가 있는 법이다. 뜻은 내가 품는 것이지만 쓰임과 쓰이지 않음은 세상에 달려 있기 때문이다.

그래도 수양을 멈출 수는 없는 일이다. 선비가 수양하는 까닭은 세상에 쓰이기 위해서나 사람들과 사귀기 위해서 혹은 이름을 얻기 위해서도 아니다. 그렇게 하지 않으면 자신을 지킬 수 없기 때문이다. 다른 산의 돌로 내가 가진 옥을 다듬을 수 있다지만 내 안에 옥이 없다면 다른 산의 돌이 아무리 많다 해도 무슨 소용이 있겠는가. 선비는 먼저 내 안에 옥이 있는지 돌아보아야 할 것이다. (2019. 9. 13.)

마치 바늘이 내 몸을 찌르는 것처럼

1559년 어느 봄날, 벼슬을 버리고 고향 안동으로 내려가 청량산에 은거하고 있던 퇴계 이황은 멀리 광주에서 보내온 한 통의 편지를 받는다. 지난해 그는 임금의 부름을 받고 서울로 올라가 잠시 성균관 대사성을 맡았는데 그때 고봉 기대승이라는 젊은 학자를 만난 적이 있다. 기대승은 과거를 보려고 서울에 막 올라온 참이었지만, 이미 나라 안에 이름이 널리 알려져 있었다. 더욱이 그가 급제하여 조정에 나아가자 온 나라의 이목이 그에게 쏠렸다. 이황은 그를 만나 잠시 태극에 관한 이야기를 나누었는데 짧은 만남이었지만 기대승의 도저한 학문의 깊이에 경탄할 수밖에 없었다. 편지는 바로 그 기대승이 보낸 것이었다. 기대승은 근황을 묻는 인사말을 전하며 사단(四端)과 칠정(七情)에 대한 자신의 견해를 피력했다.

사단과 칠정은 모두 정(情)입니다. 그러니 선생께서 이(理)와 기(氣)로 나누어 대거 호언한 것은 옳지 않은 듯합니다.

퇴계는 잠시 생각에 잠겼다. 칠정은 욕망이다. 그리고 사단은 그중 선한 욕망이다. 그렇다면 칠정도 사단도 다 같이 욕망인데 퇴계 자신은 일찍이 사단은 이(理)의 발현이고 칠정은 기(氣)의 발현이라고 했다. 그렇다면 범주 오류의 혐의가 없을 수 없다. 기대승은 바로 이 점을 지적하고 있는 것이다. 참으로 명쾌하고 당당한 지적이 아닌가.

퇴계는 생각을 이어갔다. 기대승의 지적은 타당하다. 그런데 아무리 생각하고 또 생각해봐도 도덕과 욕망의 근원이 같다는 주장만은 납득할 수 없었다. 퇴계의 생각이 무르익는 사이 뜨거운 여름이 지나고 들판이 황금빛으로 물드는 가을이 지나갔다. 서설이 내리는 어느 겨울날 퇴계는 붓을 들고 써내려갔다.

지난번 만나고 싶은 소망은 이루었지만 꿈속에서 잠깐 만난 것처럼 서로 깊이 알 겨를이 없었는데도 오히려 뜻이 흔연히 부합하였습니다. 그러다가 그대가 사단칠정을 논한 이야기를 전해 듣고는 내 생각이 온당치 못하다고 여기던 차에 보내주신 편지를 읽고 보니 더욱 엉성하고 잘못되었다는 것을 알았습니다. 처음 만난 날부터 고루한 소견이 박학한 공에게 도움을 얻은 바가 많았는데, 하물며 오래 사귀게 된다면 말할 나위가 있겠습니까.

편지는 서울에 있는 제자 정자중에게 보내졌고 다시 기대승이 머물고 있던 전라도 광주로 전해졌다. 그사이 편지는 전국을 돌면서 선비들의 뜨거운 관심을 불러일으켜 천하에 공맹과 주자의 학술이 살아 있다는 것을 알렸다. 이후 퇴계와 고봉은 장장 8년간 도덕과 욕망의 관계를 논하는 편지를 주고받는다.

위의 이야기는 『퇴계집』에 실린 편지 한 통이 쓰여진 과정을 정리한 것이다. 이 예에서 알 수 있듯이 『퇴계집』은 분명 이황의 개인 문집이지만 단순히 한 사람 저술로만 볼 수 없을 정도로 지성사적 의미가 크다. 이 책에는 그가 평생 교유한 당대의 올곧은 선비들은 물론이고 옛사람들의 정신세계까지 고스란히 녹아들어 있기 때문이다. 여기에 이런 구절이 있다.

내가 몇 달 동안 병으로 누워 있으면서 주자의 글을 한 번씩 보았는데 마치 바늘이 내 몸을 찌르는 것 같았고 잠이 확 깨는 것 같았다.

정자중에게 보낸 편지글의 한 구절인데, 그가 선현의 글을 어떻게 대했는지 엿볼 수 있는 대목이다. 퇴계가 활동했던 때는 결코 태평성대가 아니었다. 오히려 사화와 당쟁이 격화되어 탁류가 도도히 흐르는 암흑의 시대였다. 하지만 밤이 깊을수록 별이 더욱 빛나는 것처럼 그는 그토록 어두운 시대에 자신을 수양함으로써 오히려 세상에 드러났다.

책을 읽다가 바늘에 찔리는 듯한 느낌을 받은 적이 있는가? 그런 적이 없다면 아직 책을 한 권도 읽지 않은 것이다. (2013. 5. 13. 《경희대학교 대학주보》)

바보 안연(顔淵)

하루는 공자가 자로, 자공, 안연 세 제자를 불러 이렇게 물었다.

"어떤 사람은 너에게 선을 베풀고 어떤 사람은 악을 저질렀다. 너희는 어떻게 하겠느냐?"

자로가 먼저 대답했다.

"선에는 선으로 보답하고 악에는 악으로 보복하겠습니다."

다음으로 자공이 대답했다.

"선을 베푼 자에게는 은혜로 갚고 악한 자라 해도 보복하지 않겠습니다."

마지막으로 안연이 대답했다.

"선한 자 악한 자 가리지 않고 모두 은혜로 보답하겠습니다."

나는 이것이 실제로 오간 이야기라고 믿지는 않는다. 꼭 후세의 기록이라서가 아니라 짜 맞춘 흔적이 보이기 때문이다. 그래도 타인과의 관계를 돌아보는 데 취할 만한 점이 없지 않다.

자로는 어떤 사람인가? 무인(武人)답게 은원 관계에 분명하다. 그와 친구가 되기는 어렵지 않다. 은혜를 베풀고 악을 저지르지만 않으면 되기 때문이다. 은혜를 베풀면 자로 역시 은혜로 갚을 것이니 손해날 일도 없다. 괜찮은 친구다.

자공은 어떤가? 자공은 더 현명하다. 그가 크게 성공한 까닭은 원한을 갚는 데 인생을 낭비하지 않아서이다. 훌륭한 친구이다.

안연은? 그는 바보다. 선악을 가리지 않고 모두 은혜로 보답하겠다니 원수를 은혜로 갚겠다는 말이 아닌가. 이 말은 황금률이 될 수 없다. 자신의 생존은 물론이고 세상을 위해서도 좋지 않다. 선행이나 악행이나 돌아오는 결과가 같다면 누구도 기꺼이 선을 행하려 하지 않을 것이기 때문이다.

하지만 이것은 짧은 생각이다. 세상에 적어도 자로나 자공같이 사는 사람이 있다면 안연 같은 사람도 얼마든지 살아갈 수 있다. 더욱이 세상이 아름다운 이유는 바로 안연 같은 숭고한 바보가 있어서가 아닌가.

예나 지금이나 그런 사람이 드문 것은 세상에 악인이 많기 때문이다. 악인은 은혜를 원수로 갚는다. 그러니 바보가 살 수 없는 세상은 악인의 세상이다. 우리가 안연처럼 살 수는 없겠지만 적어도 악인이 되어서는 안 되는 이유가 바로 여기 있다. (2018.

8. 15.)

바보 이반과 바보 김펠

앞에서 바보 안연 이야기를 했지만 톨스토이의 '바보 이반'과 아이작 바셰비스 싱어의 '바보 김펠'도 있다.

농부의 세 아들 중 막내인 이반은 정직하고 성실한 농부다. 사이좋은 형제를 시기한 악마가 형제들을 갈라놓으려고 유혹하지만 착한 이반은 넘어가지 않는다. 하지만 악마의 꾐에 넘어간 형들은 그를 해치려 한다. 그래도 이반은 변함없이 형제들을 도와주면서 부지런히 일해 마침내 바보 나라의 왕이 된다. 악마가 망한 것은 당연지사.

바보 김펠은 마을에서 빵 굽는 일을 하며 사는데 타인의 거짓말을 의심하지 않고 믿어버린다. 그래서 마을 사람들은 모두 터무니없는 거짓말로 김펠을 놀려먹지만 그는 참고 넘긴다. 심지어 아이 딸린 여자가 처녀라 속이며 결혼하자고 해도 믿고 결혼한다. 결혼 후 태어난 아이가 일곱 명이나 되었지만 그중 자신의 아이는 한 명도 없다. 그래도 김펠은 남편과 아버지의 도리를 다하고 아내가 죽은 뒤에는 자신의 전 재산을 자식들에게 물려준 뒤 세상을 방랑하다가 삶을 마친다.

이반은 왕이 되지만 김펠은 바보로 살다가 죽는다. 이반보다는 김펠이 현실의 인물에 가까울 것이다. 그런데 이런 식의 바보 찬가는 혹 세상 사람들을 무기력하게 만들어 부당한 현실에 저항하지 못하게 하는 순응 이데올로기로 읽힐 수도 있다. 부당한 현실에 저항하지 않는 바보들이 많다면 지배자들이 얼마나 착취하기 쉬울 것인가. 이러하니 안연처럼 사는 것이 자신의 생존이나 세상을 위해 반드시 좋은 일은 아니라고 이야기한 바 있다. 뭐 위대한 톨스토이와 위대한 싱어가 그럴 리는 없다 하겠지만, 그들도 현실에 갇혀 있는 사람이긴 마찬가지이므로 알 수 없는 노릇이다.

바보처럼 살자거나 혹은 바보를 찬양하자는 게 아니다. 저런 바보가 살 수 없는 세상은 끔찍하다는 말을 하고 싶었을 뿐이다. 주위에 바보가 보이지 않은 지 오래되었다. (2018. 8. 15.)

탕임금의 목욕통

동아시아 역사상 최초로 혁명을 일으켜 세상을 바꾼 인물은 탕(湯)임금이다. 3600년 전 그는 폭군이었던 하나라의 마지막 임금 걸(桀)을 쳐부수고 상나라를 세워 백성을 나라의 근본으로 삼는 새로운 시대를 열었다. 그가 세상을 바꾸기 위해 가장 먼저 한 일은 무리를 규합하거나 군대를 양성하여 다른 나라를 공격한 게 아니라 놀랍게도 날마다 목욕을 하면서 자신을 돌아보고 성찰한 것이다.

그의 목욕통에는 '일신우일신(日新又日新)'이라는 유명한 글귀가 새겨져 있었다. 이를 탕지반명(湯之盤銘: 탕임금의 목욕통에 새겨진 글)이라 하는데 그 내용이 유학의 고전 『대학』에 전해온다. 원문은 다음과 같다.

구일신 일일신 우일신(苟日新 日日新 又日新)

평범한 내용을 담고 있는 짧은 문장이지만 이해하기가 쉽지만은 않다. 고대의 한문은 글자 수를 최대한 줄이기 위해 꼭 필요하지 않으면 조사는 말할 것도 없고 심지어 주어나 목적어까지 생략하는 경우가 많기 때문이다. 이 문장도 그렇다. '구일신(苟日新)'은 '만약 날마다 새로워진다면'이라고 옮길 수 있는데, 주어나 목적어가 보이지 않기 때문에 누가 무엇을 새롭게 한다는 것인지 알 수 없어 무의미한 동어반복이 되기 십상이다.

번역하는 이들은 이런 경우 앞뒤의 맥락을 더듬어 주어와 목적어를 찾아 넣어서 문장을 완성한다. 『대학』의 앞뒤 문장을 참고하면 이 문장의 주어는 '나'이고 목적어는 '나 자신', 정확하게는 내 안에 있는 '덕(德)'이다. 그러니까 '구일신(苟日新)'은 '만약 내가 나 자신을 새롭게 할 수 있다면'으로 옮길 수 있다. 이렇게 이해하고 나면 이어지는 '일일신(日日新)'의 뜻은 저절로 분명해진다. '일일(日日)'은 하루하루, 그러니까 매일이라는 뜻이다. 결국 이 두 구는 내가 나 자신을 새롭게 하면 나에게 다가오는 나날, 곧 객관 세계가 새로워진다는 뜻이다. 마지막 구 우일신(又日新) 또한 같은 식으로 이해하면 된다. 나에게 다가오는 객관 세계가 새로워지는 '일일신(日日新)'이 조건이 되면 새로움을 맞이하는 주체인 나 또한 새로워지는 것이다.

탕임금은 왜 이 글을 목욕통에 새겼을까? 목욕은 자신을 새롭게 하는 일이라고 생각했기 때문이다. 동아시아의 고대인들은 목욕통을 '감(鑑: 거울)'이라 하면서 목욕통에 물을 가득 채워놓고 자신의 얼굴을 비춰보는 거울로 쓰기도 했다. 탕임금은 목욕할 때 몸뿐 아니라 마음까지 깨끗하게 닦았는지 살펴보기 위해 이 글을 목욕통에 새겼던 것이다. 날마다 몸을 깨끗하게 닦으면서 날마다 자신을 새롭게 하려는 뜻을 새겼으니, 목욕통에 새기기에 이보다 맞춤한 글귀가 어디 있으랴.

내가 새롭지 않은 채로 하루를 맞이한다면 내가 맞이하는 세상 역시 새로울 것이 없다. 나날이 새롭지 않다면 내가 맞이하는 나날이 구태의연하지 않을 수 있겠는가. 탕임금의 목욕통에 새겨진 글은 바로 세상이 새롭지 않고 진부하다고 느낄 때, 참으로 진부한 것은 세상이 아니라 나 자신이 아닌지 돌아보게 한다. 살아가면서 날마다 좋은 날만 있을 수는 없지만, 적어도 나 자신을 새롭게 하면 나날이 새로워짐〔日日新〕으로써 나날이 좋은 날〔日日是好日〕을 만들 수도 있을 것이다. 결국 나 자신, 나의 주관을 새롭게 하면 나에게 다가오는 객관 세계가 새로워지고, 객관 세계가 새로워지니까 내가 또 새로워지는 것이다.

이제 번역 문장을 완성해보자.

"만약 날마다 나 자신을 새롭게 할 수 있다면 내가 맞이하는 나날이 새로워질 것이고, 나날이 새로워지면 나 자신이 또 새로워질 것이다."

　세상이 참 지루하고 진부하다고 느껴질 때면 탕임금처럼 자신을 돌아보며 물음을 던져보자. 정말 세상이 진부한지, 아니면 내가 진부한지. 뻔하고 무용한 좌우명이라고? 천만에, 혁명을 이룬 이가 날마다 새겼던 글귀다. (2020. 1. 14.《경인일보》)

죄(罪)와 용서에 관하여

춘추시대의 패자 제나라 환공이 어느 날 사냥을 나갔다가 한 노인을 만났다. 나이를 물어보니 83세라 한다. 환공은 노인에게 오래 산 복으로 자신을 위해 축원해달라고 했다.

노인은 이렇게 말했다.

"임금님을 위해 축원합니다. 재물을 가벼이 여기시고 사람을 중시하십시오."

"좋은 말씀입니다. 좋은 말은 한 번으로 그쳐서는 안 되니 한 마디 더 해주십시오."

"임금님을 위해 축원합니다. 임금께서는 부디 아랫사람에게 묻는 것을 부끄러워하지 마십시오."

"그 또한 좋은 말씀입니다. 좋은 말은 반드시 세 번 해야 합니다. 한마디 더 해주십시오."

"임금님을 위해 축원합니다. 임금께서는 부디 신하들과 백성들에게 죄를 짓지 마십시오."

예상치 못한 말을 들은 환공은 크게 화를 내며 이렇게 따졌다.

"과인은 자식이 어버이에게 죄를 짓고 신하가 임금에게 죄를 짓는다는 말은 들었어도 임금이 신하에게 죄를 짓는다는 말은 처음 들었소."

노인은 이렇게 대답했다.

"그렇지 않습니다. 자식이 죄를 지으면 어버이가 용서해주면 되고 신하가 죄를 지으면 임금이 용서해주면 됩니다. 하지만, 임금이 죄를 지으면 용서해줄 사람이 없습니다. 그래서 옛날 폭군 걸왕이 탕에게 쫓겨났고 주왕이 무왕에게 죽임을 당한 것입니다."

이 말을 들은 환공은 노인에게 절하고 그로 하여금 고을을 다스리게 한 뒤 떠났다.

유향의 『신서』에 나오는, 2000년도 더 된 이야기지만 노인의 세 마디 말은 지금 보아도 참으로 옳다.

재물보다 사람을 아끼라는 말은 이 나라에 사는 모든 이가 귀담아들어야 한다. 저 비극적인 세월호 참사도 침몰 원인을 아직 다 밝히지는 못했으나, 따지고 보면 사람을 재물보다 천시하는 풍조가 중요한 원인이 아니었을까 싶다. 기준량을 훨씬 넘어서는 화물을 적재한 이유나 이 화물을 고박하지 않은 이유는 모두 사람보다 재물을 아꼈던 데 있지 않겠나.

아랫사람에게 묻는 것을 부끄러워하지 말라는 말은 모름지기 통치자는 낮은 데 거하는 사람의 말을 잘 들어야 한다는 뜻이다. 말을 뜻하는 한자 언(言)은 입〔口〕에서 나오는 음파〔三〕가 위쪽으로 퍼져 나가는 모양을 본뜬 글자다. 여기서 주목해야 할 것은 입이 아래에 있다는 점이다. 아래에 위치한 입〔口〕은 신분이 낮은 사람의 말을 뜻한다. 그러니 말이 통한다는 것은 높은 사람의 말이 아래로 전달된다는 뜻이 아니라 낮은 사람의 말이 윗사람에게 전달된다는 뜻이다.

고래로 높은 자리에 있는 사람의 말이 통하지 않는 경우란 없다. 신분이나 지위가 높은 사람의 말은 아무리 목소리를 낮추어도 다 알아서 듣기 때문이다. 그래서 높은 자리에 있는 사람의 말은 말〔言〕이라고 하지 않는다. 말이 아니라 명령〔令〕이기 때문이다. 명령을 뜻하는 한자 령(令)은 입〔△〕이 위쪽에 위치하고 아래에서는 사람이 엎드려 기는 모양〔卪〕을 본뜬 글자다. 곧 아래에 있는 사람이 신분이 높은 사람이 하는 말에 복종하는 모양을 그린 글자이다.

명령, 곧 권력자의 말이 쉽게 전달되는 것은 꼭 올발라서가 아니라 권력의 하수인들이 명을 따라 움직이기 때문이다. 하지만 아래에 있는 사람들의 말은 잘 들리지 않는다. 때로 온 몸을 던지며 죽음으로 항거해도 그들의 말은 세상에 반향을 일으키기 어렵다. 세상이 귀머거리인 까닭이다.

마지막으로 아랫사람에게 죄를 지어서는 안 된다는 말은, 이유가 절묘하다. 아랫사람의 죄는 윗사람이 용서해줄 수 있지만 윗사람이 지은 죄를 아랫사람이 용서해줄 수는 없는 법이다. 용서라는 말이 그렇다. 용서란 '꾸짖거나 벌을 주지 않고 너그럽게 봐준다'는 뜻이다. 애초에 꾸짖거나 벌을 줄 수 있는 사람들이 하는 일이 용서다. 그러니 아랫사람에게 죄를 지으면 그가 나를 용서할 길이 없으니 나 역시 그에게 용서를 구할 수 없다.

지금 이 나라의 행정부나 국회에 있는 이들은 말할 것도 없고, 윗사람이 된 이들은 모두 노인의 이 말을 새겨야 할 것이다. 나도 죄를 짓지 않도록 이 말을 명심해두려고 한다. 나 또한 부모이고 선생이니. (2017. 5. 15.《경인일보》)

사광의 거문고

노나라 임금 정공이 공자에게 물었다.

"말 한마디로 나라를 일으킬 수 있다고 하던데 참으로 그런 말이 있습니까?"

"한마디 말로 그 정도 효과를 기약하기는 어렵습니다. 하지만 사람들이 이르기를 '임금 노릇 하기는 어렵고 신하 노릇 하기도 쉽지 않다'고 하니 임금과 신하가 이런 도리를 안다면 한마디로 나라를 일으키는 데 가깝지 않겠습니까."

정공은 다시 물었다.

"말 한마디로 나라를 망하게 할 수 있다고 하던데 그런 말이 있습니까?"

"한마디 말 때문에 나라가 망하기야 하겠습니까마는 사람들이 이르기를 '임금 노릇 하는 데 다른 즐거움은 없고 오직 내가 명령을 내리면 아무도 어기지 않으니 이것은 참으로 즐거워할 만하다'고 하니 임금이 이런 마음가짐이라면 한마디 말로 나라를 잃는 데 가깝지 않겠습니까."

"……."

아무리 좋은 말이라 해도 한마디 말로 나라를 일으키기는 어렵다. 평소 번드레한 말을 미더워하지 않았던 공자다운 말이다. 나라를 일으켜 세우는 일은 그만큼 어렵기도 하거니와 말로 나라를 다스릴 수는 없기 때문이다. 그래도 임금과 신하가 이 말을 통해 나라를 다스리는 일이 얼마나 어려운지 안다면 적어도 나라가 바로 흥하지는 않더라도 아름다운 미래를 기약할 수는 있을 것이다.

그렇다면 말 한마디로 나라를 망하게 할 수는 있을까? 역시 공자의 이야기처럼 한마디 말로 나라가 망하기는 어렵다. 나라라는 거대한 체제가 하루아침에 망하는 경우는 드물다. 하지만 세상에는 한마디 말을 잘못하여 작게는 신세를 망치고 크게는, 심지어 나라까지 망친 예를 얼마든지 찾을 수 있다. 공자가 나라를 망친 예로 든 저 말도 본디 진나라 평공이 한 말이다.

진나라 평공이 어느 날 신하들을 불러 함께 술을 마시다가 이렇게 말했다.

"임금 노릇 해보니 별다른 즐거움은 없지만 내가 말하면 아무도 내 말을 어기지 않는 것은 즐거워할 만하다."

"……"

모든 신하들이 잠자코 있었는데, 평공 곁에서 음악을 연주하던 눈먼 악사 사광이 갑자기 거문고를 번쩍 들어 평공을 향해 집어던졌다. 평공이 깜짝 놀라 몸을 피하자 거문고는 커다란 소리를 내며 뒤쪽 벽에 부딪쳤고 벽에는 구멍이 뚫렸다.

평공은 크게 놀라 사광을 꾸짖었다.

"네 이놈, 이게 무슨 짓이냐?"

사광은 이렇게 대답했다.

"임금님, 지금 제 옆에서 어느 놈이 아주 나쁜 말을 했습니다. 이런 말을 임금님이 들어서는 안 되겠다고 생각해서 제가 그놈을 향해 거문고를 집어던진 것입니다."

"……"

사광의 말은 참으로 옳다. '아무도 내 말을 어기지 않는 것이 즐겁다'니, 임금이 입에 담을 말이 아니다. 어찌 임금뿐이랴. 모든 사람이 그렇다. 만약 어떤 사람 주변에 이의를 제기하는 사람이 아무도 없다면 생각해볼 일이다. 과연 자신의 말이 모두 옳기 때문인지 아니면 그가 말을 어기지 않는 것을 즐거워하기 때문인지를. 사광의 이야기를 들은 평공도 깨달은 바가 있었던지 뚫린 벽을 수리하지 않고 그대로 두어 실언을 경계하는 교훈으로 삼았다고 한다. (2017. 4. 10.《경인일보》)

가장 오래된 책의 운명

동아시아에서 가장 오래된 책은 무엇일까? 두말할 것도 없이 '시서(詩書)'다. 그렇다면 가장 오래된 금서(禁書)는 무엇일까? 이 또한 '시서'다. 시서는 『시경』과 『서경』을 합쳐서 일컫는 말인데, 『시경』은 기원전 1000년 무렵부터 민간에 널리 암송되었던 시(詩)를 모아놓은 책이고, 『서경』 또한 그 무렵의 역사 기록을 모아놓은 책이다. 이 둘은 중국에서 가장 오래된 책이자 유가(儒家)를 대표하는 문헌이다. 이 책들이 유가를 대표하는 문헌이라는 점은 유가의 지향점에 대해 시사해주는 바가 있다.

그런데 이 책들이 천하를 다스리는 데 방해가 된다고 생각해서 금지했던 자는 역설적이게도 시서의 전문가 순자(荀子)로부터 유가의 세례를 받았던 이사(李斯)였다. 화란(禍亂)의 씨앗은 유가의 내부에서 자라고 있었던 것이다. 이사는 진시황제에게 시서와 백가(百家)의 말을 기록한 책은 모두 불태우도록 간했다. 불태우지 않을 책으로는 의약과 점술서 그리고 농사일을 기록한 실용서를 꼽았을 뿐이다.

이사의 말을 빌리면 이 두 책은 '옛것을 가지고 지금을 비난〔以古非今 道古以害今〕'하기 때문에 제국의 통치에 방해가 된다. 맞는 말이다. 천하가 이미 진나라로 통일된 마당에 이런저런 말이 많은 유가는 환영받지 못할 수밖에 없다.

게다가 이사는 본디 유가에 맺힌 원한이 있었다. 일찍이 스승 순자에게 유가의 인의(仁義)가 무용하다고 논쟁을 걸었다가 "근본은 팽겨쳐 두고 말단만 뒤지는 바로 너 같은 자들 때문에 천하가 어지러워지는 것〔今女不求之於本 而索之於末 此世之所以亂也〕"이라고 인격적 모독을 받지 않았던가. 그는 진나라로 떠나면서 순자에게 이렇게 하직 인사를 올렸다.

부끄럽기는 비천보다 더한 게 없고 슬프기로는 가난보다 더 심한 게 없습니다. 오랫동안 곤궁하게 살면서 세상을 비난하고, 이익이 싫다고 하는 일 없이 몸을 맡기는 것은 선비의 본분이 아닙니다.

스승 순자에게 선비답지 못하다고 침을 뱉고 떠난 셈이다. 순자가 뭐라고 말해주었는지는 전해지지 않는다. 하지만 그는 진나라 통치기를 말세로 규정했던 스승 순자에게 보란듯이 천하를 진의 제국으로 만들었다. 게다가 자신이 무용하다고 생각했던 인의의 무력함을 직접 보여주려고 작정이라도 한 듯이 진시황제에게 '죽음을 무릅쓰고' 말했다〔眛死言〕. 인의를 주장하는 자들이 떠받드는 책을 불태우고 추종자들을 생매장하라고.

죽음을 무릅쓸 정도의 집요함은 아무래도 스승에게 버림받은 콤플렉스가 작용한 듯하다. 이른바 분서갱유(焚書坑儒)*는 이사의 개인적 한풀이도 한몫해서 일어났다. 그러나 그가 설계한 진나라의 천하는 15년을 채우지 못하고 망했다. 폭력으로 글과 사람을 탄압했던 자가 오히려 일찍 망한 것이다. (2016. 2. 13.)

---

* '분서'는 책을 불태운다는 뜻이고 '갱유'는 유학자들을 생매장한다는 뜻이다. 책만 불태우면 될 것을 왜 사람까지 생매장했을까? 문(文)과 헌(獻)을 모두 없애기 위해서다. 흔히 문헌(文獻)으로 붙여 쓰는 '문'과 '헌'은 본래 '전적'과 그 내용을 기억하고 있는 '사람'을 합쳐서 일컫는 말이다. 예나 지금이나 문자를 담는 가장 훌륭한 매체는 사람이다.

부와 권력에 관하여

박제가의 『북학의』에 따르면 율곡 이이는 하루 한 끼만 먹고 평생 쇠고기 한 점 먹지 않았다. 이이는 이렇게 말했다고 한다.

소가 농사지어준 곡식을 먹고 또 고기까지 먹는 것이 옳단 말인가〔食其粟 又食其肉 可乎〕?

이이는 중소 지주 출신으로 젊은 시절 호조좌랑에 임명된 이래 황해도관찰사, 이조판서, 호조판서, 병조판서 등 나라의 중요한 자리를 두루 거쳤지만, 두 번째로 이조판서로 일하다가 세상을 떠났을 때 장례 치를 돈이 없을 정도로 가난하고 청렴했다.

그는 죽는 순간까지도 나랏일을 걱정하며 집안일을 조금도 돌보지 않았다. 죽기 전에 마지막으로 남긴 여섯 조항의 절필

(絶筆: 생전에 마지막으로 쓴 글)은 모두 나랏일에 관한 글이었고 집안일에 대해서는 전혀 언급하지 않았다. 시문집인 『율곡전서』의 '연보'에 따르면 이이가 세상을 떠나던 날 집안에 남은 재산이 없어 벗들이 비용을 갹출하여 장례비를 충당하고 가족들이 머물 곳을 마련했다.

이황이 사대부의 자기 수양을 강조한 반면 이이는 백성의 구체적인 삶에 관심이 많았다. 그가 죽기 전 올린 시무책 대부분이 민생을 안정시키는 개혁 방안이었던 것은 백성의 삶을 구제하려 했기 때문이다. 그에게 나랏일은 곧 백성의 삶이었던 것이다.

수양의 문제를 세상 탓으로 돌리는 사람은 어리석다. 하지만 먹고사는 문제를 개인의 책임으로 돌리는 사회는 잔인하다. 또 부와 권력을 함께 누리는 것이 당연시되는 사회는 저열하다. 물러나 있는 자는 마땅히 이황을 스승으로 삼아야겠지만 나랏일을 맡은 자는 이이를 닮아야 한다. (2017. 10. 23.)

마음을 실어 쓴 글, 『목민심서』

글자 수로 500만 자가 넘는 다산 정약용의 방대한 저작 중 내가 가장 감명 깊게 읽은 책은 고전에 대한 탁견으로 가득한『논어고금주』도 아니요, 혁명의 정당성을 이야기하는「탕론」도 아니며, 두 아들에게 보내는 애끓는 심정이 담긴 편지글도 아니라 바로 행정 실무지침서인『목민심서』다.

『목민심서』는 지방 수령이 부임(赴任)에서 해관(解官 : 벼슬자리를 내놓게 하다)에 이르기까지 지켜야 할 덕목과 지침을 구체적이고 상세하게 기록하고 있는 실무서다. 요즘 식으로 말하면 지방행정학 개론이나 원론쯤 되는 책이다. 그런데 이런 책을 읽고 감동하다니 이상하지 않은가? 요즘의 이런 책들은 대개 영혼 없는 글들로 채워져 있기에 하는 말이다.

다산의『목민심서』는 그렇지 않다. 읽고 있으면 한 편의 문학 작품을 읽는 것처럼 마음이 움직인다. 어느 대목에서는 불에 덴 것처럼 깜짝 놀라기도 하고, 때론 백성을 사랑하는 다산의 마음이 전해져 가슴이 먹먹해진다.

다산은 먼저 목민관의 존재 이유를 물으면서 이야기를 시작한다. 목민관은 왜 있는가? 오직 백성을 위해 있다. 이 명제는 절대적이다. 수천 년 이어져온 유학의 역사에서 이보다 위에 있는 가치는 없기 때문이다. 그러니 아무리 실무에 탁월한 능력을 갖추고 있다 해도 자신의 존재 이유를 망각한 자는 목민관이 되어서는 안 된다. 그래서 다산은 "다른 벼슬은 구해도 되지만 목민관의 자리는 구해서는 안 된다"라고 이야기한다. 오직 백성을 위해 헌신하겠다는 진정성을 가진 자만이 목민관이 될 수 있고, 되어야 한다는 뜻이다.

다산의 진정성은 역설적으로 그가 폐족의 신분이라는 점에서 확인된다. 역모로 처벌받아 절대 목민관이 될 수 없는 처지였기 때문이다. 그래도 다산은 목민하고자 하는 마음만은 끝내 저버릴 수 없었다. 이 책의 제목이 심서(心書)가 된 것은 다산이 그런 마음을 실어 쓴 글이기 때문이다.

다산의 마음이 보이는 대목을 몇 군데 들어보자.

해마다 망종(芒種) 날이 되면 백성을 구휼하는 일에 수고했던 이들을 모아 잔치를 베푼다. 다산은 그 의미를 이렇게 풀이하고 있다.

이 잔치는 큰일을 끝내고 나서 수고한 이들을 위로하는 것이지 기쁜 일이 있어서가 아니므로 그저 한잔 술과 한 접시 고기로 수고한 이들을 대접하는 데 그쳐야 한다. 죽은 자가 셀 수 없이 많고 산 자도 병에 걸려 신음하는 소리가 끊이지 않는다. 이런 때에 어떻게 즐긴단 말인가. 큰 흉년 뒤에 수령이 잔치를 베풀면 백성들이 장구 소리와 노랫소리를 듣고 탄식하며 눈물을 흘리고 성낸 눈으로 질시하니, 악기를 연주하고 춤을 춰서는 절대 안 된다. 수령이 조금이라도 반성하고 깨달은 바가 있다면 어찌 이런 짓을 하겠는가.

흉년에 범죄를 저지른 백성을 어떻게 다스려야 할지에 대해서는 이렇게 이야기하고 있다.

흉년에 도적질한 자는 그다음 해에는 대개 양민이 된다. 이로 보건대 그들을 죽이는 것은 애석한 일이니 그 사정을 알고 불쌍히 여겨야 한다. 맹자가 '흉년에는 젊은이들이 많이 사나워지고 풍년에는 젊은이들이 많이 순해지는 것은 마음이 흔들렸기 때문이다'라고 했으니, 어찌 이들을 반역의 무리들과 견주어 같다고 할 것인가. 그런 자들은 유배시켰다가 풍년을 기다려 풀어주는 것이 좋다.

세금 징수에 대해서는 이렇게 이야기한다.

봄에 곤궁한 백성을 구제하는 일은 마치 자식을 대하듯 하고, 가을에 세금 거두는 일은 마치 원수를 대하듯 해야 한다.

백성 중에 자식을 버리는 일이 있을 때 수령이 어떻게 해야 하는지에 대해서는 이렇게 썼다.

백성들이 가난하여 자식을 낳아도 잘 거두지 못한다. 흉년이 들면 자식 내버리기를 물건 버리듯 하니, 거두고 길러주어 백성의 부모 노릇을 해야 한다.

다산은 자신의 글이 세상에 반드시 전해지지는 못할 것이라고 생각했다. 그래서 100년을 기다려도 좋다는 뜻으로 호를 사암(俟菴: 초막에서 기다리다)이라고 한 적도 있다. 지금 이 땅의 목민관이 된 정치인, 행정가, 법관, 선생들은 다산의 마음을 만분의 일이라도 가지고 있는가? (2017. 8. 28.《경인일보》)

마음의 북극성

덕으로 정치하는 것은 비유하자면 북극성이 제자리에 가만히 있는데 뭇별들이 바라보고 도는 것과 같다〔爲政以德 譬如北辰 居其所 而衆星共之〕.

논어의 두 번째 편인 「위정」은 별 이야기로 시작한다. 지상의 인류에게 아득한 하늘의 별은 언제나 가닿을 수 없는 이상을 상징한다. 그중에서도 공자가 선택한 별, 북극성은 더욱 특별한 존재다. 밤하늘에 빛나는 수많은 별은 원운동을 하며 끊임없이 움직인다. 그러나 북극성만은 밤새도록 한곳에 머물러 움직이지 않아 길 잃은 자가 바라보는 나침반이자 머물러야 할 곳을 알려주는 상징이 되었다.

북극성이 한자리에서 고고하게 빛을 내며 움직이지 않는 까닭은 하늘의 지도리〔樞〕, 곧 하늘의 중심에 자리 잡고 있어서다. 그런데 중심은 하늘뿐만 아니라 사람의 마음에도 있으니 바로 덕(德)이다. 덕은 마음의 북극성이자 삶의 중심이다. 삶의 중심을 얻은 자, 곧 "인자(仁者)는 천하에 거칠 것이 없다〔仁者 無敵於天下〕"라는 말은 맹자가 했다. 인(仁)이야말로 덕 중의 덕이기 때문이다. 그는 인(仁)이라는 삶의 중심을 놓치지 않으면, 하늘의 뭇별들이 알아서 북극성을 바라보고 도는 것처럼 사람들이 스스로 찾아오는 정치를 실현할 수 있다고 생각했다.

북극성처럼 한자리에 가만히 머물러 있어도 뭇별들이 우러러보는 식의 이상적인 정치는 이른바 무위(無爲)의 정치다. 일체의 폭력이 없는 비폭력의 정치다. 공자는 이를 덕치(德治)라 했고 맹자는 인정(仁政)이라 했다. 공자는 "명령으로 인도하고 형벌로 가지런히 하면 백성이 피하려고만 하고 부끄러워함이 없게 되지만, 덕으로 인도하고 예로 가지런히 하면 백성이 부끄러워함이 있게 되고 스스로 올바르게 된다〔子曰 道之以政 齊之以刑 民免而無恥 道之以德 齊之以禮 有恥且格〕"라고 했다. 덕으로 다스리면 행정적, 사법적 폭력을 자행하지 않아도 민중이 스스로 올바른 길로 나아갈 수 있다는 뜻이다. 무위의 정치란 민중의 가능성을 인정하지 않으면 생각조차 할 수 없는 정치인 것이다.

비록 현실의 공자는 그런 정치를 실현할 기회를 얻지 못했고 덕치의 이상은 한갓 조롱거리가 되고 말았지만 우리가 폭력 없는 세상을 향한 희망을 내려놓지 않는다면, 마음의 북극성은 언제나 아름답게 빛날 것이다. (2019. 8. 31.)

2부 ─────────────── 글 읽은 자 되기의 어려움

주희

《한겨레신문》에 주회 편 원고를 마무리해서 보냈다. 그는 동서고금을 통틀어 욕을 가장 많이 먹는 철학자 중 한 사람이다. 나는 그를 위해 변명하지 않았다. 그럴 필요가 없기 때문이다.

그는 젊은 시절 『중용』을 읽다가 "다른 사람이 한 번에 잘하면 나는 백 번 하고 다른 사람이 열 번 만에 잘하면 나는 천 번 반복한다[人一能之 己百之 人十能之 己千之]"라는 구절을 만나고는 마음 깊은 곳에서 끓어오르는 열정을 느꼈다.

삶 자체가 학문이었던 사람. 그의 학문은 화려하고 허망한 모든 언설들이 의미를 잃는 순간에 빛난다.

무릇 사람은 모름지기 성현이 되는 것을 자신의 책임으로 여겨야 한다. 세상 사람들은 대체로 성인은 높다고 여기고 자신은 낮추어 보기 때문에 학문에 나아가려 하지 않는다. 하지만 성인이 본디 높고 나는 본디 보통 사람일 뿐이라면, 밤낮으로 부지런히 애쓰더라도 그것은 결국 분수에 넘치는 일이 되니, 학문을 해도 그만 안 해도 그만인 게 되지 않겠는가. 하지만 성현과 보통 사람의 본성은 다를 것이 없다. 이미 본성이 같다면 또 어찌 성현이 되는 일을 자신의 책임으로 여기지 않을 수 있겠는가.

나는 이제 늙어서 곧 죽게 될 것이다. 나는 그저 벗들이 학문에 힘쓰기를 바랄 뿐이다.

그가 마지막 순간까지 벗들에게 당부한 말은 단 한마디, "학문에 힘쓰라"였다. (2018. 8. 14.)

다윈의 지렁이

진화 이론의 토대를 세운 찰스 다윈이 실상 가장 오랫동안 관심을 갖고 연구했던 대상은 지렁이였다.

다윈은 40년 넘는 세월에 걸쳐 지렁이의 일생을 깊이 연구했는데, 특히 지렁이가 소리를 들을 수 있는지 궁금했다. 1837년 어느 날 다윈은 화분에 키우는 지렁이에게 목관악기 파곳을 들이댄 다음 가장 낮은 음을 연주했다. 지렁이가 깜짝 놀랄 것이라고 기대하진 않았다. 이미 지렁이 앞에서 플루트와 피아노를 연주한 바 있기 때문이다.

이후로도 지렁이는 어떤 악기 소리에도 반응하지 않았고, 어떤 말에도 꿈쩍하지 않았다. 어느 날 다윈은 마지막으로 지렁이에게 고함을 질렀다.

"야! 이 지렁이 XX야!"

그래도 지렁이는 꿈틀도 하지 않았다.

마침내 그는 논문을 마무리했다. 다윈은『종의 기원』(1859)을 출판한 지 20년도 더 지난 1881년에 출간한『지렁이의 행동 관찰을 통한 농토 형성』에서 이렇게 결론지었다.

지렁이는 듣지 못한다.

학문은 지성(知性)만으로 하는 게 아니다. (2018. 8. 18.)

나의 생명줄

《한겨레신문》 연재물 '한마디로 읽는 중국철학' 왕부지 편을 마무리했다. 왕부지는 동시대 사람 중에 내가 가장 만나고 싶은 인물이다.

나는 황종희의 『명이대방록』을 가장 먼저 읽었고 다음으로 고염무의 『일지록』을 읽었고, 이어서 방이지의 『약지포장』, 『물리소지』, 『동서균』을 차례로 읽었다. 왕부지의 저술 중에서는 『독사서대전설』, 『사서패소』, 『독통감론』, 『주역패소』, 『주역대상전』, 『장자정몽주』, 『장자연』, 『노자연』 등을 읽었다. 명말청초 4대가의 글 중 내가 가장 많이, 자주 읽었던 글이 왕부지의 저술이다.

그는 명나라가 망하자 석선산에 은거하며 저술과 강학에 몰두하다 세상을 마쳤다. 황종희를 비롯한 대부분의 지식인들은 청나라 복식으로 바꾸어 입고 변발을 했지만 왕부지는 그렇게 하지 않고 끝까지 명나라의 유신으로 삶을 마쳤다.

　쉰두 살이 되던 해에 그는 자신의 거처에 두 줄의 대련을 걸었다.

　육경은 나에게 새 얼굴을 달라 하는데〔六經責我開生面〕,
　칠척의 육신은 이대로 죽어라 하네〔七尺從天乞活埋〕.

　뒤 구절이 그가 명나라의 멸망과 함께 죽어야 할 이유를 밝힌 것이라면 앞 구절은 살아야 할 이유를 밝힌 글이다. 실제로 그는 자신이 바라던 대로 살았고 그렇게 죽었다. 실낱같은 희망조차 없던 시대를 살았던 왕부지에게 육경은 생명줄이었던 것이다.

　나도 육경을 공부했으니 그가 읽은 글 대부분을 읽은 셈이다. 하지만 나는 아직 육경을 나의 생명줄이라 생각해본 적은 없다. 아마도 그와 달리 죽어야 할 이유를 찾지 못해서가 아닐까? 죽어야 할 이유를 아는 자라야 살아야 할 이유 또한 알 수 있는 법이기 때문이다. 지금의 내가 옛사람에 미치지 못하는 까닭은 재능이 부족해서만이 아니다. (2018. 10. 17.)

글 읽은 자 되기의 어려움

너른 이마에 눈썹은 성기고 눈빛은 초롱초롱하되 근시인 데다 오른쪽으로 틀어졌다. 사람됨은 호협하고 쾌활하고 방정하고 강직하여 악인을 원수처럼 미워하였고, 기개가 높고 오만하여 남에게 굽혀 따르지 않았으며, 신분이 귀한 무리의 교만한 태도를 보았을 경우, 걸핏하면 면박하여 과실을 힐책하였다. 그리고 평소 자기가 좋아하던 이가 유배되거나 죽었을 경우에는 천리 길을 달려가 위문하는 일이 많았다. 옛글을 읽다가도 충신, 지사가 원통하게 곤액을 당한 일을 만나면 눈물을 줄줄 흘리지 않은 적이 없었다.

위의 기록은 창강 김택영이 양명학자 매천 황현의 사람됨을 논평하면서 한 말이다. 그가 1911년 중국 상하이에서 펴낸 『매천집(梅泉集)』에는 황현이 경술국치를 당한 뒤 아편을 마시고 자결하기까지의 전말을 이렇게 전하고 있다.

　순종 융희 4년(1910) 7월에 일본이 마침내 한국을 합병하였
다. 8월에 황현이 그 소식을 듣고 몹시 비통해하며 음식을 먹지
못하다가, 어느 날 저녁 「절명시(絶命詩)」 네 수를 짓고, 자제들
에게 글을 남겨 '내가 죽어야 할 의리는 없지만 국가에서 선비를
길러온 지 500년이 되었는데, 나라가 망한 날 한 사람도 국난(國
難)에 죽는 자가 없다면 어찌 통탄스러운 일이 아니겠느냐. 내
가 평소에 읽은 글을 저버리지 않고 영원히 잠든다면 참으로 통
쾌함을 깨달을 것이니, 너희들은 너무 슬퍼하지 말거라' 하였다.
이 글을 다 쓰고는 바로 독약을 마셨다. 향년 쉰여섯 살이었다.

그가 남긴 「절명시」 칠언절구 4수 중 제3수는 다음과 같다.

　새 짐승 슬피 울고 산과 바다도 찡그리니〔鳥獸哀鳴海岳嚬〕
　무궁화 삼천리가 이미 물에 잠겼구나〔槿花世界已沈淪〕
　추등(가을 등불) 아래 책 덮고 천고를 생각하니〔秋燈掩卷懷千
古〕
　인간 세상에 글 읽은 자 정히 되기 어렵구나〔難作人間識字人〕

황현은 죽기 전 웃으면서 이렇게 말했다 한다.

"죽는 일이란 쉽지 않은가 보다. 독약을 마실 때에 세 번이나 입을 대었다 떼었다 하였으니, 내가 이와 같이 어리석었단 말이냐."

황현은 나라를 책임진 자가 아니었건만 단지 글을 읽은 자라는 이유로 나라가 망하자 목숨을 끊었다. 그가 말한 것처럼 '평소에 읽은 글을 저버리지 않기' 위해서였다.

글을 읽기는 쉬우나 글 읽은 자가 되기는 어려운 것이다.

(2017. 10. 27.)

홍위병(紅衛兵)의 『논어』

중국의 문화혁명기였던 1974년에 베이징대 철학계 학생들이 쓴 『논어비주(論語批注)』(논어를 비판하는 주석)에는 읽다 보면 계속 웃음이 터져 나올 정도로 재미난 내용이 많다.

『논어』의 첫 구절 "배우고 때로 익히면 또한 기쁘지 않은가〔學而時習之 不亦悅乎〕"를 공자가 문하생들로 하여금 전심전력으로 『예기』, 『시경』, 『서경』 따위를 읽게 함으로써 그들이 고대의 노예제를 부활시키는 공범자로 훈련받기를 노린 것이라고 풀이했다.

이어서 두 번째 구절 "벗이 먼 데서 찾아오니 반갑지 않은가〔有朋自遠方來 不亦樂乎〕"는 먼 곳에서 찾아온 반혁명 분자를 자신들의 조직에 가담시킴으로써 반혁명 세력을 확대해야 함을 강조한 것이라고 풀이했다.

또 "남이 알아주지 않아도 노여움을 품지 않으면 군자답지 않은가〔人不知而不慍 不亦君子乎〕"를 두고, 지배자가 자신을 써주지 않는다고 해서 원한을 품을 것이 아니라 마땅히 재능을 감추고 드러내지 않는 계략을 요령껏 구사함으로써 유리한 시기가 오기를 기다렸다가 나중에 '크게 한탕 해보자'는 뜻이라고 풀이했다.

그런가 하면 벗이 죽었는데 빈소를 차릴 곳이 없자, 공자가 자신의 집에 빈소를 차리도록 배려한 대목을 두고는, 공자가 가난한 애제자 안연이 죽었을 때는 아무것도 보태주지 않았는데, 가깝지도 않은 몰락한 귀족이 죽자 빈소를 차리게 한 일은 그의 계급적 본색을 드러낸 것이라고 풀이하면서 한마디로 공자는 곡식의 종자를 구분하지 못하는 숙맥이며 농민의 고혈을 빨아먹는 기생충에 지나지 않는다고 비판하고 있다. 이 정도면 가히 '증오의 『논어』'라 할 만하다.

"위대한 영도자 마오쩌둥 주석께서……"로 시작하는 서문이 실린 이 책은 중국에서 웃음거리가 된 지 오래지만 나는 이 책의 존재를 무척 소중하게 여긴다. 『논어』를 처음부터 끝까지 한 글자 한 글자 극단적으로 비판하면서 풀이한 유일한 책일 뿐 아니라 지식인의 본질에 관한 감출 수 없는 진실이 담겨 있기 때문이다.

책의 지은이는 베이징대 철학계 공농병학원(工農兵學員: 노동

자 농민, 군인, 학생이라는 뜻인데 실은 홍위병을 가리킨다)이다. 무산
계급이 문자를 익혀 귀족의 정신세계를 비판하려 들면 이런 내
용이 나올 수 있는 것이다. 나는 공자를 향한 저들의 비판이 실
은 나 같은 지식 노동자의 행태를 두고 한 말이 아닐까 싶어 매
우 두렵다. (2018. 10. 14.)

책 도둑

나는 대학원을 다닐 때 양현재(養賢齋)라는 곳에서 조교로 일한 적이 있다. 여기에는 금속활자본 고서가 소장되어 있었고 그중에는 7책으로 구성된 『논어』 완질도 있었다. 이 책과 얽힌 이야기가 있다. 어느 날 도둑이 들어 『논어』 완질을 훔쳐간 것이다.

그날 아침 출근한 후에도 도둑이 든 줄 모르고 있었는데 어떤 사람이 책을 들고 와 이 책이 여기 있던 물건이 맞느냐고 물었다. 나는 비로소 서가 한쪽이 텅 비어 있다는 걸 알아차리고 깜짝 놀라 어떻게 된 일이냐고 물었다.

그는 경찰서에서 나온 형사였다. 이야기인즉, 그날 도둑이 들어와 책을 훔쳐 나가다가 경비의 눈에 띄어 붙잡혔다는 것이다. 형사는 나에게 경찰서로 가서 참고인 진술을 하고 책을 도로 찾아가라고 했다.

밖에 나갔더니 경찰차가 기다리고 있었다. 앞에는 경비 아저씨가 앉고 나는 뒷자리에 앉았는데 뒷좌석에는 이미 두 사람이 타고 있었다. 나는 자리에 앉자마자 옆에 있던 경찰로 보이는 이에게 말을 걸었다.

"유식한 도둑인가 봅니다. 아니 어떻게 그 책이 귀한지 알아 보고……."

대꾸가 없어 고개를 돌려 옆에 앉은 사람의 얼굴을 살피려던 나는 흠칫하며 말꼬리를 흐렸다. 경찰인 줄 알고 말을 걸었던 사내의 손목에 채워진 금속 물질이 어두운 차 안에서도 차갑게 반짝거렸기 때문이다.

그제야 그의 초라한 행색이 눈에 들어왔다. 피의자는 20대 후반으로 나와 비슷한 또래로 보였다. 낡은 청바지에 때 묻은 운동화, 항공 점퍼 비슷한 윗도리를 걸치고 있었는데 몸에서 다소 불쾌한 냄새도 났다.

그는 이미 모든 걸 체념했는지 고개를 푹 숙이고 숨소리마저 내지 못하고 있었다. 알 수 없는 일이지만 전문적인 고문서 도둑 같아 보이지는 않았고 일시적으로 입에 풀칠하려고 책을 훔치다 잡힌 모양이었다.

차를 타고 경찰서까지 가는 내내 마음이 불편했던 것은 도둑이 도둑 같아 보이지 않는 데다 내 또래인 게 마음에 걸렸기 때문이다. 나는 학교에서 공부하며 『논어』를 읽는데 저 사람은 어쩌다가 학교에 몰래 들어와 『논어』를 훔치는 사람이 되었을까. 꼬리를 무는 상념 끝에 나는, 성현의 말을 훔치는 나 같은 자나 성현의 글이 적힌 책을 훔치는 그나 별반 다를 것이 없다는 생각을 하기에 이르렀다.

말없이 경찰서에 도착한 뒤 나는 담당 형사에게 따로 도둑에게 다른 전과가 있는지 물었다. 예상대로 그는 초범이었다.

이윽고 조사가 시작되었다. 나는 경찰에게 어제 퇴근한 시간, 그리고 다시 출근한 시간을 말하고, 책 외에 달리 없어진 물건은 없다고 일러주었고 경비 아저씨도 자기가 목격한 일을 진술했다. 경찰은 이 책이 권당 얼마나 하느냐고 내게 물었다. 나는 3만 원 정도 한다고 이야기했다. 당시 그보다 못한 책들이 인사동에서 권당 5만 원을 호가한다는 걸 알고 있었지만 가능하면 금액을 적게 이야기해야 도둑이 조금이라도 가벼운 벌을 받으리라 생각했기 때문이다.

경비 아저씨가 저렇게 귀한 책이 그리 쌀 리가 있겠느냐며 자꾸 10만 원이 넘는 물건이라고 이야기하는 바람에 약간의 언쟁마저 있었지만 내가 한사코 3만 원이라고 주장해서 결국 조서에는 훔친 물건의 액수가 21만 원 상당의 책자 일곱 권으로 기록되었다. 내가 할 수 있는 일은 그게 다였다.

그 일이 있기 전에 나는 어느 옛 책에서 선비의 집에 쌀을 훔치러 들어갔던 도둑이 선비가 밤늦게까지 글 읽는 소리를 듣고 훔치기를 단념했다는 이야기를 읽고 감동한 적이 있다. 하지만 『논어』 절도 사건을 겪은 후에는 그 이야기가 과연 사실인지 의심스러워졌다. 과연 배고픈 도둑의 귀에 선비의 글 읽는 소리가 들어왔을까.

　30년도 더 된 일이 떠오른 까닭은 얼마 전 『논어』 번역서를 탈고하면서 내가 그동안 『논어』를 올바로 읽고 풀이해왔는지 두려운 마음과 함께 이런 의심이 들어서였다. 그는 내가 지키던 책을 훔치려 했지만 혹시 나는 그가 가져야 할 무엇을 훔쳤던 것은 아닌가? (2019. 12. 3.)

이름 이야기

가끔 이름을 지어달라고 부탁하는 이들이 있다. 내가 이름을 짓는 방식은 작명가들하고는 많이 다르다. 주로 고전의 구절을 따서 이름을 짓는데, 그것이 동아시아의 오랜 지적 전통을 복원하는 일이라고 생각해서이다. 전통의 복원이라니까 오해할 사람이 있을지 모르겠다. 나는 권력화된 전통은 깨야 한다고 생각하는 사람이다. 내가 되살리고 싶은 것은 우리의 지식인들이 오랫동안 지켜왔던 삶의 문법이다. 그중 하나가 이름에 담겨 있다.

옛사람들은 새로 태어난 아이에게 이름을 지어주면서 어떤 생각을 했을까. 명나라 말기의 학자 방학점(方學漸)은 『주역』「계사전」에 나오는 '방이지(方以知)'라는 구절을 따서 손자의 이름을 지었다. 올바른 도리를 지켜 지혜로워진다는 이름 덕택인지 방이지(方以智)는 고금과 동서의 지(知)를 망라하는 대지식인이 되었다. 방학점 자신의 이름인 학점(學漸)도 『주역』의

점(漸) 괘에서 착안한 것으로 삼대가 주역학자였던 집안의 후예다운 이름 짓기라 하겠다.

방학점의 선배 격인 명나라 중기의 유학자 담약수(湛若水)의 이름은 『장자』의 군자지교담약수(君子之交淡若水)에서 따온 것으로 다만 '담(淡)'을 자신의 성(姓)인 '담(湛)'으로 바꾸었을 뿐이다. 군자의 사귐은 물처럼 맑다는 뜻인데 참으로 아름다운 이름이다.

18세기 조선의 인물 중에는 이름이 멋진 이가 많다. 그중 단연 돋보이는 것은 다산 정약용이다. 그의 이름 '약용(若鏞)'은 『서경』에 나오는 말이다. 다만 '약용(若鏞)'이 아닌 '약금(若金)'으로 찾아야 나온다. 『서경』 「열명」 편에서는 은나라의 고종이 부열을 등용하면서 "만약 (내가) 쇠붙이일 것 같으면 너로 하여금 숫돌이 되게 하리라〔若金用汝作礪〕"라고 했는데 여기서 '만약 쇠붙이라면'에 해당하는 '약금(若金)'을 취한 것이다. 다산의 아버지는 이에 착안하여 아들 형제의 이름에 모두 쇠 금(金) 자를 넣어서 '약전(若銓)', '약용(若鏞)' 등으로 지었다. 세상을 바로잡는 저울〔銓〕이 되고 세상을 울리는 큰 종〔鏞〕이 되어 사람들을 깨우치길 바라는 마음을 담았을 것이다. 이름이 좋아서인지 두 사람은 모두 이름값을 했다.

『청장관전서』를 남긴 이덕무(李德懋)의 이름도 『서경』에서 따온 것이다. 『서경』「중훼지고」에는 탕임금의 공덕이 언급되는데 '덕이 훌륭한 사람에게는 관직을 주어서 덕에 힘쓰게 했다'는 덕무무관(德懋懋官)이라는 말이 나온다. 이덕무의 이름은 덕무(德懋)이고 자는 무관(懋官)이다. 합치면 덕무무관(德懋懋官), 『서경』의 글귀와 똑같다.

『북학의』를 지은 박제가의 이름은 제가(齊家), 자는 수기(修其)이다. '제가'는 『대학』의 '수신제가치국평천하(修身齊家治國平天下)'에서, 수기(修己) 또는 수신(修身)과 같은 의미인 '수기(修其)'는 재수기신(在修其身)에서 따왔으니 자와 이름을 모두 『대학』에서 취한 것이다. 이 두 사람 또한 이름값을 톡톡히 했다.

하지만 이름이 좋다고 반드시 이름대로 되는 것은 아니다. 중국에서 현대 신유학자로 높은 평가를 받았던 양수명(梁漱溟)의 아버지는 이름이 제(濟)였고 자가 거천(巨川)이었다. 이 또한 『서경』「열명」편, "만약 (내가) 큰물을 건널 것 같으면 너로 하여금 배와 노가 되게 하리라〔若濟巨川用汝作舟楫〕"라고 한 대목 중 큰물을 건넌다는 뜻인 '제거천(濟巨川)'에서 따온 것이다. 양제의 아버지는 아들이 큰물을 건너는 데 쓰이는 훌륭한 재목이 되라는 마음을 담아 이렇게 이름을 지었을 것이다. 하지만 양제는 청나라가 망하자 서세동점의 큰물을 건너지 못하고 적수담에 몸을 던져 자결하고 말았으니 안타까운 일이다.

벌써 오래전 이야기이지만 나는 아들의 아명을 '웅비(熊羆)'라고 지었다. 본명을 짓는 것은 아이 할아버지의 몫이었기 때문에 아쉬움을 달래기 위해 아명을 지었는데, 곰 웅(熊) 자와 곰 비(羆) 자를 썼다. 웅비(熊羆)는 『시경』에 나오는 시 「사간(斯干)」의 한 대목 "곰 꿈을 꾸는 것은 사내아이를 낳을 조짐이다〔維熊維羆 男子之祥〕"에서 따온 것이다. 아들아이를 낳기 전 아내가 태몽으로 곰 꿈을 꿨기 때문이다. 『시경』의 구절대로 된 셈이니 지금 생각해도 신기하기만 하다. (2018. 2. 26.《경인일보》)

무(無)를 보여주는 방법

블랙홀을 최초로 촬영한 이미지 때문에 우주물리학계뿐 아니라 온 지구촌이 떠들썩하다. 이번에 촬영한 블랙홀은 지구에서 5500만 광년 떨어져 있어 아득히 멀 뿐 아니라 태양의 65억 배에 달하는 엄청난 질량에 비해 크기가 지름 400억 킬로미터로 매우 작아서 이를 관측하려면 지구 직경에 맞먹는 크기의 망원경이 필요하다고 한다. 지구 자원을 모두 투입해도 이런 크기의 망원경을 만들 수는 없을 것이다.

과학자들은 이 난제를 여섯 개 대륙에 위치한 여덟 개의 망원경을 하나의 시스템으로 통합한 이른바 '이벤트 호라이즌 망원경(EHT)'으로 해결했다. 지구 크기의 망원경을 만들 수는 없지만 지구 규모의 관측은 가능하게 한 것이다.

하지만 블랙홀을 관측하기에는 이보다 훨씬 큰 근본적인 어려움이 놓여 있다. 블랙홀은 빛이나 전파마저 흡수하기 때문에 아무리 고해상도 망원경을 갖추었다 해도 관측할 수 없다. 그런데 어떻게 촬영에 성공했을까?

과학자들은 블랙홀을 직접 관측할 수 없는 근본 문제를 해결하기 위해서 블랙홀 주변, 이른바 '사건의 지평(이벤트 호라이즌)' 바깥에 주목했다. 사건의 지평 안쪽인 블랙홀에서는 문자 그대로 '사건'이 일어나지 않기 때문에 아무것도 볼 수 없지만 블랙홀 주변에서 일어나는 '사건'은 관측이 가능하다. 결국 이번 블랙홀 이미지는 블랙홀 주변을 촬영함으로써 블랙홀을 직접 촬영한 효과를 만들어낸 이미지다. 다시 말하면 보이는 것으로 보이지 않는 무언가를 보여준 것이다.

그런데 이런 착상은 매우 오래된 것이다. 동아시아의 고전 중 하나인 『주역』에서는 무(無)를 보여주기 위해 같은 방법을 사용했다. 『주역』의 64괘는 팔괘를 겹쳐 만들었고 팔괘의 기본 요소는 음(- -)과 양(—)으로 존재의 두 양상을 표시한 기호다.

양(—)은 유(有)를, 음(- -)은 무(無)를 나타낸다. 선 하나를 그어 보이는 세계를 표시한 것이 양(—)이다. 그럼 무(無)를 표시한 음(- -)은 어떤 의미일까? 무엇보다 무(無)는 문자 그대로 없다는 뜻인데 없는 것을 보여준다는 말 자체가 모순 아닌가?

고대 동아시아인들은 이 난제를 해결하기 위해 이번 블랙홀 촬영과 같은 착상을 이용했다. 바로 유(有)를 나타내는 선 두 개를 띄워 배치함으로써(‒ ‒) 사이에 있는 무를 보여준 것이다. 노자가 '유와 무는 서로를 만들어낸다〔有無相生〕'고 한 말도 이런 착상에 바탕을 둔 것이다.

보이는 것으로 보이지 않는 무언가를 봄은, 이미 알고 있는 것으로 아직 알지 못하는 무언가를 알아나가는 일이다. 인류는 그런 활동을 지성이라 명명해왔다. 지성의 돛은 알지 못하는 것을 향해 나아간다. (2019. 4. 13.)

번역에 관하여

일찍이 앨프리드 화이트헤드는, 서양철학의 역사는 플라톤의 각주에 지나지 않는다고 말했다. 정작 플라톤 자신은 단 한 번도 중요한 철학적 주제로 글을 쓴 적이 없노라고 했지만, 역설적이게도 그랬다는 사실조차 글로 쓰여 지금까지 전해지고 있는 것을 생각해보면, 화이트헤드의 말이 여전히 서양철학사를 이해하는 핵심 진술 중 하나임을 알 수 있다.

동양철학, 그중에서 유가철학의 역사 또한 문헌을 통해 이어져왔다. 문헌은 글자 그대로 문(文)과 헌(獻)이다. 문자로 기록된 물리적인 매체가 문이라면, 사람의 기억으로 존재하는 비물리적인 매체는 헌이다. 기억은 물리적인 공간이나 질량의 한계가 없다는 점에서는 탁월한 인지 기능이지만, 동시에 극히 제한된 양의 정보만 저장할 수 있으며, 당사자의 죽음과 함께 사라지고 만다는 치명적인 약점이 있다. 그래서 유가철학의 전승자들은 제한된 기억의 대부분을 경전을 암송하는 데 활용하고 기억하고 있는 내용을 제자들에게 전수하였다. 그들은 경전의 내용을 암송하거나 주해를 통해 풀이함으로써 길고 긴 사유의 역사에 참여한 것이다. 이런 점에서 볼 때, 서양철학의 역사가 플라톤 철학의 각주로 이루어졌다면 유가철학의 역사는 경전의 전승과 주석으로 이루어졌다고 해도 크게 그른 말은 아니다.

그런데 애초 공자의 제자들이 공부하던 방식은 지금 우리가 『논어』를 읽으면서 공부하는 방식과는 사뭇 달랐을 것이다. 그들에게는 문 대신 헌이 있었다. 우리가 지금 읽고 있는 『논어』라는 책〔文〕은 없었고 대신 화자인 공자〔獻〕가 있었다는 말이다. 또 공자라는 헌(獻)의 말은 일방적인 독백이 아니라 제자들의 물음에 대한 답이거나 당시의 사람들에게 전하고자 하는 말이었을 것이다. 이렇게 본다면 그들 또한 공자와 함께 경이 생산되는 현장에 있었다고 할 수 있다.

경(經)이란 그저 보통의 텍스트가 아니라 성인의 말씀이라는 권위를 갖는다. 그러니 '주(注)는 경(經)을 깨트리지 않고 소(疏)는 주(注)를 깨트리지 않는다〔注不破經 疏不破注〕'는 전통은 전통 사회 학자들의 자연스런 태도였다. 그들은 경의 '오류 없음〔無誤謬性〕'을 확신하고 있었던 것이다. 그러나 이제 동아시아의 현대사회는 전통 사회처럼 단일한 가치에 지배받지 않는다.

전통에 따른 경전의 무오류성은 더 이상 인정되지 않는다. 그리하여 경(經)이 고전(古典)으로 이름이 바뀌게 되었다.

과거 전통 시대에 학자들은 성인의 말씀이 영원한 가치를 지닌다고 보아 그것을 보존하기 위해 온갖 노력을 기울였다. 오랜 시간이 지나 현대의 우리는 이제 그것을 경(經)이 아닌, 고전으로 읽으려 한다. 하지만 그것을 곧장 읽어내기란 어려운 일이다. 우선 고대의 한어(漢語)를 현대 우리말로 옮겨야 하기 때문이다. 이른바 '번역'이라는 작업을 거쳐야 한다는 말이다. 지금 우리의 고전 읽기는 결국 번역을 통해서만 가능하다. 그렇기에 번역은 우리가 새로운 시공간으로 넘어가고 새로운 사람과 사상을 만나는 데 없어서는 안 될, 중요한 다리와도 같다.

번역은 정직한 학문적 작업으로 스포츠에 비유하자면 마라톤과 같다. 기본적으로 번역은 어디까지나 원문을 충실하게 옮겨야 하며, 어떤 명분으로든 자의적 편의적으로 개변하는 것은 용납될 수 없기 때문이다. 번역가는 원전과 독자를 이어주는 사람으로 가능한 한 원전의 뜻을 훼손하지 않으면서 독자들이 이해할 수 있는 언어로 바꾸어 전달하는 책임을 지닌 사람이다. 그래서 때로는 절대 다른 말로 옮길 수 없는 원전을 앞에 두고 그 절대성 앞에서 좌절하기도 한다. 때로는 주체적인 독서를 포기한 독자들의 몰이해에 실망하기도 한다. 하지만 번역가의 외로운 싸움의 결과 우리 시대의 독자들은 시공간을 뛰어넘어 수많은 고전을 마주할 수 있는 것이다.

번역하는 과정에서 원전의 뜻을 고스란히 전하기 위해 노력하는 것은 가장 중요한 일이다. 아무리 그럴싸하게 번역을 잘했다 하더라도 원전의 내용을 그대로 전하지 못한다면 독자를 기만하는 일이기 때문이다. 하지만 원전에 대한 집착이 지나친 나머지 독자와의 소통을 위한 노력을 게을리하게 되면 우리 학문의 식민성이나 비민주적인 학문 풍토를 방조할 수 있다. 독자가 이해할 수 없는 번역을 해서는 안 된다. 그렇다고 해서 경문에 붙어 있는 주석을 보지 않거나 무시하고 번역해서는 안 된다. 흔히 전통 주석과 전혀 다른 번역을 내놓고 창조적인 번역이라는 말로 오역을 포장하기도 한다. 물론 창조적인 번역은 번역하는 이의 자유로운 선택에 속하는 문제이기는 하다. 다만 무엇이 오역이고 무엇이 창조적인 번역인지를 가려내는 것은 아주 어려운 일이다.

고전은 지금을 사는 번역가가 지금의 언어로 번역해야 독자가 이해할 수 있지만, 고전 자체는 어디까지나 옛날의 지은이에게서 얻는 것이다. 따라서 고전이 탄생한 시대와 가장 가까운 시대에 살았던 이의 주석을 무시하고 내놓은 창조적 해석은 창조가 아니라 오히려 독단이 된다. 예컨대 주석을 읽고 내용을 충분히 소화한 뒤에 새로운 견해를 내어놓는 것은 얼마든지 창조적인 작업이라 할 수 있지만, 주석을 참고하지 않은 상태에서 내놓은 견해는 아무리 창조적이라 할지라도 오역과 독단의 다른 이름에 지나지 않는다. 문자를 아는 이가 가장 경계해야 할 일은 독단을 피하는 것이 아닌가. 이래저래 번역을 하는 일은 즐거움이면서 또한 고역이다. 고색창연한 선현의 주석과 무지한 자신 사이에서 헤매기 일쑤인. (2016. 2. 19.)

강의

대학원 조교 시절 내가 일한 양현재 사무실에는 고서가 소장되어 있었는데 그중에는 조선의 궁중에서 간행한 내각본 사서(四書) 완질도 있었다. 이 책들은 그저 소장용일 뿐이었지만 당시 양현재의 책임자이자 내 논문 지도교수였던 은사님은 이 책들을 들고 강의실에 들어갔다.

이는 실로 경이로운 일이었다. 왜냐하면 그 아름다운 책들에는 일체의 표점(標點: 독자의 편의를 위해 한문 원문을 띄어 쓰고 문장부호를 다는 것)이나 현토(懸吐: 한문 문장에 우리말의 토를 다는 것)가 없어서 내용을 모조리 외고 있지 않으면 강독을 할 수 없기 때문이다.

더 놀라운 일이 강의실에서 일어났다. 선생은 책을 펼쳐놓기만 하고 거의 보지 않은 채 강독을 진행했다. 간혹 책을 들여다보기는 했지만 단지 문장의 순서를 알기 위해 그랬을 뿐이었다.

당시 다른 교수들은 사서를 외기는커녕 내용을 제대로 풀이하지도 못했다. 그들의 책상에는 늘 영인본과 함께 여러 종의 번역본이 놓여 있었고 강독 교재에는 깨알같이 번역문과 참고 사항이 적혀 있곤 했다. 그래도 그들의 강독은 알아듣지 못할 중얼거림에 가까웠다.

하지만 선생의 강의는 본문은 물론 주석에 이르기까지 어느 한 대목 막히거나 불분명한 곳이 없었다. 나는 강의에 앞서 허리춤을 바짝 추켜올리곤 하던 특유의 제스처와 사투리 섞인 선생의 독특한 말투를 아직도 생생하게 기억한다. 이는 오래전 일이지만, 나는 사서를 읽을 때마다 곳곳에서 선생의 목소리를 듣는다. (2019. 11. 14.)

불평등한 세상을 바꾸는 법

이 세상은 불평등하다. 예나 지금이나 완전한 평등을 구현하기란 무척 어려운 일이다. 그런 불평등을 개선할 수 있는 가장 좋은 방법은 바로 교육이다. 공자의 교육철학에 따르면 많은 사람들이 동등하게 높은 수준의 교육을 받을 수 있을 때 정의로운 세상이 된다. 공자가 '학(學)'을 특별히 강조한 이유는 여기에 있다.

공자가 이야기한 '학(學)'은 여타의 사상에서 강조하는 도(道)나 각(覺)과는 사뭇 다르다. 도나 각은 아무나 터득하거나 깨칠 수가 없기 때문이다. 예를 들어 도를 강조한 『장자』에는 '도가전이불가수(道可傳而不可受)'라는 말이 나온다. 도는 전해줄 수는 있지만 받을 수는 없다는 말이다. 곧 스승이 제자에게 도를 전해줄 수 있지만 제자가 반드시 받을 수 있는 것은 아니라는 뜻이다. 곧 아무나 터득할 수 없는 것이 도다. 하면 된다? 아니,

안 된다. 어떤 사람은 되고 어떤 사람은 안 되니, 바로 그것이 도의 세계다.

각의 세계도 마찬가지다. 육조 혜능은 저잣거리를 지나다가 어떤 사람이 암송하는 『금강경』을 듣고 단박에 깨쳤다. 그런데 막상 『금강경』을 외우고 있었던 사람은 평생을 가도 깨닫지 못했다. 어떤 사람은 단박에 깨치고 어떤 사람은 평생을 노력해도 안 되니, 바로 그것이 각이다.

그런데 학은 다르다. 반드시 된다. '청출어람(靑出於藍)'이라는 말이 있다. 공자의 계승자 순자가 학(學)의 중요성을 강조하기 위해 '청출어람이청어람(靑出於藍而靑於藍)'이라고 한 말을 줄인 것이다. 푸른색은 쪽에서 나왔지만 쪽보다 푸르다는 뜻이다. 쪽은 본디 초록색인데 거기서 뽑아낸 푸른색은 초록색보다 푸르다. 제자가 스승보다 낫다는 뜻이다.

스승이 제대로 가르치고 제자가 제대로 배웠다면 반드시 제자가 스승보다 나은 경지에 오르는 것이 바로 학의 세계요 스승과 제자의 관계다. 그러니 학은 누구나 들어갈 수 있는 세계다. 『논어』의 첫 문장이 '학(學)'으로 시작하는 이유는 누구나 배우면 되고, 배움으로써 훌륭한 삶을 영위할 수 있다는 말을 세상에 전하기 위해서다. (2016. 2. 24.)

도정일 선생을 뵙고

나에게는 논문 지도교수를 비롯한 몇 분의 은사가 계시지만 그분들 말고도 나의 학문적 성장에 커다란 영향을 끼친 여러 명의 스승이 있다. 도정일 선생도 그중 한 분이다. 나는 선생을 통해 교양 교육의 의미가 무엇이며 어디에 목적을 두어야 하는지 깊이 생각할 수 있었다.

나는 2011년에 처음으로 경희대 강단에 섰다. 당시 경희대는 도정일 교수의 주도로 획기적인 교양 교육 체계인 후마니타스 칼리지를 막 출범시킨 참이었고 선생은 대학장을 맡고 있었다.

선생을 처음 뵈었을 때 커다란 몸집, 불타오르는 눈빛, 나지막하지만 굵고 뚜렷한 목소리가 인상적이었던 기억이 남아 있다. 곁에 서 있으면 결기가 느껴졌는데 아마 『사기』 「자객열전」의 주인공 형가(荊軻)가 기다리던 이름 모를 무사의 풍모가 이러하지 않았을까 싶었다.

후마니타스칼리지의 전체 교수자가 모인 첫 번째 워크숍에서 선생은 한국 사회는 사람 미치게 하는 진부한 구호로 가득 차 있다는 말로 운을 떼었다. 이어서 결연한 어조로 교양 교육의 의미와 목적에 관해 이야기했다. 내가 비망을 위해 적어두었던 메모를 보니 다음과 같은 내용이 적혀 있다.

1) 교양 교육은 인간에 대한 이해가 우선이다. 그런데 이것이 대학 교육에서 사라졌다. 그 때문에 한국 교육이, 한국 사회가 위기에 빠졌다.

2) 전공 교육의 목적은 전문 지식을 학습함으로써 특정 학문, 특정 직업 분야의 탁월성을 심화하는 데 있다. 그러나 교양 교육의 목적은 지식을 전달하는 데 있는 것이 아니라 한 인간이 전 생애에 걸쳐 살아가는 데 지원할 수 있는 사고의 힘을 길러주는 데 있다.

3) 교양을 왜 공부하는지 모르는 학생들에게 이유를 알게 해야 한다. 교양은 한 인간의 삶을 안내하기 위해 적어도 다음 세 가지의 지표를 알려주어야 한다.

① 의미다. 현재의 대학에서는 삶의 의미에 대해 아무것도 가르치지 않는다. 학생들이 왜 사는지 스스로 깨달을 수 있게 인도해야 한다.

② 가치다. 현재 한국 사회는 가치의 문제를 던져버렸다. 학생들이 어떻게 살아야 하는지 스스로 생각할 수 있게 해야 한다.

③ 목적이다. 한국 사회에서는 목적을 말하면 대학 교육에서 벗어나는 것처럼 비친다. 하지만 행복하게 사는 것보다 행복해야 할 이유를 아는 것이 중요하다. 누구나 바라는 삶이 좋은 삶이라고 따르게 할 것이 아니라 학생들이 바랄 만한 가치가 있는 삶을 스스로 찾을 수 있게 안내해야 한다. 한 개인의 삶을 의미 있게 하고 목표와 이상을 세워 나아갈 수 있게 안내하지 못한다면 대학이 왜 필요한가.

4) 학생들이 큰 질문을 던질 수 있게 자극하는 것이 가장 중요하다.

① 호기심을 자극하면서 학생들에게 생각할 만한 질문을 끊임없이 던져서 격발되게 해야 한다.

② 교수자의 역할은 정답을 주는 것이 아니라 안내하는 것이다. 질문에 대한 답을 교수자가 주면 안 된다. 질문에 대한 답은 학생들의 몫이다. 자신들의 생각으로 응답하게 유도해야 한다.

③ 현자의 견해는 그저 참고할 뿐이다. '간디처럼 살자'가 아니라 간디의 선택을 보여줄 뿐이다.

교양 교육에는 철학, 문학, 경제학, 역사 등의 분야가 통합되어 있기 때문에 누구도 쉽게 강의하기 어렵다. 따라서 교양 교육을 담당한 교수자는 자신의 학문적 성장을 위해 끊임없이 노력해야 한다.

7년 전의 기록이지만 지금 읽어도 오히려 새롭고 간절한 이야기다.

오늘 선생의 생신에 즈음하여 다른 제자들과 함께 새해 인사도 드릴 겸 찾아뵙고 이야기를 나누었다. 정년한 지 벌써 15년이 흘렀고 건강이 좋지 않은 편이지만 대화를 나누며 간간이 선생의 결기를 여전히 느낄 수 있어서 느꺼운 마음이 들었다. 얼른 건강을 회복하셔서 학교에서 자주 뵐 수 있기를 바랄 뿐이다. (2018. 1. 6.)

정성껏 물을 주면

송나라의 어떤 사람이 곡식의 싹이 빨리 자라지 않자 답답한 나머지 조금씩 뽑아 올려주었다. 그는 집에 돌아가서 가족에게 곡식이 자라는 것을 도와주었다고 자랑스레 이야기했다. 아들이 깜짝 놀라 뛰어가 보니 싹은 이미 말라 죽어 있었다.

어떻게 해야 호연지기(浩然之氣)를 기를 수 있는지 묻는 제자에게 맹자는 절대 해서는 안 될 일을 꼽으며 이 이야기를 들려준다. 이른바 알묘조장(揠苗助長: 싹을 뽑아 자라는 것을 도와주다)의 고사로 『맹자』에 나온다.

호연지기는 한 사람이 올바른 행동을 하는 데 필요한 일종의 도덕적 끈기로 플라톤이 이야기한 용기와 크게 다르지 않다. 맹자는 성선설을 주장한 철학자답게 사람이라면 누구나 선한 의지를 가지고 있다고 본다. 그것이 양심(良心)이다. 하지만 양심만으로는 충분하지 않다. 사람들은 이해관계에 얽히면 쉽사리 양심을 저버리고 이익을 취하기 일쑤다. 양심은 생각보다 강하지 않기 때문이다. 호연지기는 이런 양심을 떠받치는 힘이다. 그러므로 호연지기를 기르지 않으면 양심이 힘을 발휘하지 못하고 올바른 행위도 할 수 없게 된다.

맹자가 예로 든 알묘조장이란 이런 뜻이다. 호연지기를 기르기 위해서는 곡식의 싹이 자라서 열매를 맺는 것처럼 절대적인 시간이 필요한데, 세상 사람들이 기다리지 못하고 속성으로 곡식을 기르다 보니 호연지기가 길러지기는커녕 도리어 말라 죽고 말았다는 이야기이다. 맹자는 이어 세상에 조장(助長)하지 않는 이가 드물다고 탄식했다.

지금 이 나라의 교육자나 학부모 중에도 아이들의 싹을 뽑아 올리는 조장을 하지 않는 이가 드물다. 모든 교육과정이 대학 진학의 수단으로 간주되어 연령대별로 꼭 익혀야 할 것은 팽개쳐두고 오로지 대학입시를 위한 학습에만 골몰하고 있으니 조장도 이런 조장이 없다. 그러니 대학에 들어온 학생들 대부분이 말라 죽어 있는 것도 이상한 일이 아니다.

대학도 조장에 나서긴 마찬가지다. 방학 중에 진행되는 이른바 계절학기는 한 학기 16주 동안 진행되는 강좌를 15일로 압축한 단기속성 과정이다. 대학의 당국자들은 전체 강의 시간만

같으면 기간과 상관없이 동일한 효과를 낼 수 있다고 생각하는 모양이지만 절대 그렇지 않다. 특히 인문교양 과목의 경우 졸업할 때까지 4년간 기다린다 해도 효과를 확인하기 어려울 정도로 오랜 시간을 기다려야 한다. 한 사람이 전 생애에 걸쳐 올바른 삶을 살아갈 수 있도록 지원하는 데 목적을 두고 있기에 당장의 이익과는 상관없는 내용을 가르치고 당연히 전공보다 훨씬 긴 호흡이 필요하기 때문이다. 그래도 대학 당국은 인문교양을 비롯한 다수의 학과목을 속성 과정으로 개설하고 있다.

이렇다 보니 대학에 들어온 학생들 또한 싹이 자라기는커녕 시간이 흐를수록 더 말라가기만 한다. 당연히 학생들을 탓할 수는 없지만 그렇다고 대학 당국의 잘못으로 돌릴 수만도 없다. 교육을 기능인 양성 정도로 생각하는 한국 사회의 구조가 바뀌지 않는 한 이런 파행은 계속될 것이기 때문이다. 이 구조를 만든 오래된 주범들은 교육부 관료들과 기업, 언론으로 보이지만 그들도 구조의 일부일 뿐 권력과 자본의 당사자가 아니다. 그러니 도무지 이런 구조를 바꿀 방법이 보이지 않는다. 학교 당국자가 교육의 근본 취지에 따라 학교를 운영하려면 당장 언론의 대학 평가를 거부해야 하고 교육부의 지원을 포기해야 하며 학생 수가 줄어드는 불이익을 감수해야 한다. 내가 알기로 학교의 어느 관계자도 그런 모험을 할 생각이 없고 그럴 만한 용기도 없다.

이런 현실을 볼 때마다 대학을 떠나고 싶은 생각이 굴뚝같다. 하지만 결국 학생들 때문에 떠나지 못한다. 내가 바라는 것은 결국 학생들을 통해서 이룰 수밖에 없음을 알기 때문이다. 학생들의 생각을 변화시키는 일은 무척 어려운 일이지만 유일한 방법이다.

오래전 안드레이 타르콥스키의 영화 〈희생〉을 보다가 〈마태수난곡〉이 나오는 마지막 장면에서 끝내 눈물을 흘린 적이 있다. 영화의 도입부에는 옛날 어느 수도사가 말라 죽은 나무에 정성껏 물을 주었더니 마침내 죽은 나무에 꽃이 피었다는 이야기가 나온다. 그런 일이 과연 가능할까? 내가 만나는 학생들도 정성껏 물을 주면 정말 수도사의 나무처럼 꽃을 피울까?

정성껏 물을 주면, 정성껏 물을 주면⋯⋯. (2018. 7. 2.《경인일보》)

문지기를 만드는 대학

얼마 전 교육부가 '대학 기본 역량 진단 결과'를 발표했다. '대학 구조 개혁 평가'를 이름만 바꾼 이 진단에는 여전히 졸업생 취업률이 평가 항목 중에서 가장 높은 비중을 차지하고 있다. 교육부는 이 결과를 근거로 재정 지원을 제한하거나 학생 정원을 감축한다. 이 나라 대학들이 취업률에 목매는 이유가 여기에 있다.

교육부만 그런 것이 아니다. 기업들도 저마다 대학이 기업맞춤형 인재를 양성해야 한다고 공공연하게 요구하며 대학을 기업에 종속시키려 하거나 아예 대학을 인수하여 기업의 목적에 맞춰 운영하기도 한다.

그렇다 보니 학생들도 취업에 목을 매고 취업에 도움이 되는 과목만 들으려 한다. 급기야 4학년이 되면 조기 취업을 이유로 수업에 정상적으로 참여하지 않고도 학점을 인정해달라고 요구하는 말도 안 되는 일이 일어난다. 하지만 대학은 학칙을 개정하면서까지 조기 취업자를 위한 학점 인정 제도를 만들어 그들의 요구에 따른다. 취업은 물론 중요하다. 하지만 이런 식으로 온 나라가 취업을 위해 중요한 원칙을 희생하는 것이 정당하다고 인정하면 어떻게 될까?

『장자』에 이런 이야기가 나온다.

제나라의 어떤 사람이 자식을 문지기로 취직시키려 했는데, 온전한 몸으로는 문지기가 될 수 없다는 말을 듣고 자식을 불구자로 만들었다.

문지기는 문자 그대로 문을 지키는 사람이니 문을 떠나지 않는 것이 일을 잘하는 것이다. 만약 문지기가 된 사람에게 주어진 일만 잘하기를 바란다면 자유롭게 걸어다니는 능력은 쓸모없을 뿐 아니라 오히려 일에 방해가 될 것이다. 하지만 문지기는 문지기이기 전에 사람이다.

마찬가지로 지금의 대학과 학생들이 오직 취업에 쓸모가 있는 과목만 중시하면 어떻게 될까? 머지않아 학생들이 제나라의 문지기처럼 되고 말 것이다. 이 나라의 교육부와 기업, 그리고 부모들이 원하는 바가 과연 그런 것인가? 나 또한 그런 대학에

서 결과적으로 나의 학생들이 문지기가 되는 데 일조하고 있는
것은 아닌가? 두렵고 또 두려운 일이다. (2018. 9. 3.)

채점 없는 세상

대학에서 내가 가르치는 과목은 글쓰기가 아니지만 성적을 매길 때 글쓰기를 가장 중요한 채점 기준으로 삼는다. 하지만 아무리 생각해봐도 나는 남의 글을 등급별로 평가하는 데 소질이 없다. 모두 혼신을 다해 쓴 글들인데 이걸 어떻게 점수로 평가한단 말인가.

물론 잘 쓴 글들만 있어서 평가가 어려운 것은 아니다. 오히려 잘 쓰지 못한 글일수록 평가하기가 더 힘들다. 글쓰기는 인간의 행위 중에서 가장 복잡한 일이다. 그런 복잡성을 알고 나면 평가의 잣대를 쉽사리 들이댈 수가 없다.

글을 쓰거나 읽는 행위는 일종의 감정노동이다. 특히 글쓴이의 내면이 보일 때, 상처받은 흔적이 보일 때마다 읽는 사람 또한 상처받는다. 나는 며칠 만에 상처투성이가 되었다. 학생들은 시험 없는 세상에서 살고 싶다지만 나는 채점 없는 세상에서 살고 싶다.

언젠가 글쓰기를 주제로 한 학술대회에 참가해, 학생이 글을 잘 쓰지 못했을 때 어떻게 지도하느냐고 물은 적이 있다. 질문을 받은 글쓰기 담당 교수자는 이렇게 대답했다.

"붙잡고 웁니다."

글쓰기를 가르치는 모든 이들에게 감사와 존경을 보낸다. (2018. 12. 27.)

오지 않은 학생들의 이야기

지난 학기 학교 축제 기간에는 강의실 학생 수가 눈에 띄게 줄었다. 강의를 듣기 위해 한결같이 출석하는 성실한 학생들을 바라보고 정성을 다해 강의했지만 나오지 않은 학생들에게 어쩔 수 없이 마음이 쓰였다.

왜 결석했을까? 나는 강의실에 앉아 있는 학생들이 왜 왔는지는 궁금하지 않았지만 결석한 학생들의 사정은 무척 궁금했다. 학생들이 강의에 출석하는 이유는 거개가 같을 테지만 결석한 이유는 다 다를 테니까 말이다.

축제가 끝난 뒤 나는 지난 강의에 출석하지 않았던 학생들에게 무슨 재미난 일이 있었기에 나오지 않았느냐고 물어보았다.

한 학생은 신종 독감에 걸렸는데 친구들에게 옮길까 봐 안 나왔다고 대답했다. 그러니까 친구들의 건강을 염려해서 결석한 것이다. 거룩한 학생이다.

또 다른 학생은 학과 대표로 뽑혀 축구 시합에 나가느라 강의에 오지 못했다고 했다. 시합에 이겼느냐고 물었더니 아깝게 졌다고 했다. 나는 그 학생에게 축구에 인저리 타임이 있는 것처럼 내 강의에도 인저리 타임이 있으니 포기하지 말고 끝까지 뛰라고 이야기했다.

또 한 학생은 게임을 하느라 밤을 새워서 아침에 일어나지 못했다고 한다. 아주 솔직한 학생이다. 자신에게 불리함에도 진실을 밝힌 학생에게 칭찬을 해주었음은 더 말할 것도 없다.

또 어떤 학생은 미리 나에게 사정을 알리고 허락을 구했다. 학교에서 개교 70주년을 기념하는 공연이 있어 티켓을 신청했는데 운 좋게 당첨되었단다. 무슨 공연인지 물어보았더니 무려 초연을 했던 프랑스 극단이 관객을 초청하는 〈레 미제라블〉 뮤지컬이란다. 나라도 강의 빼먹고 갈 것이라고 이야기해줬다.

또 병무청 신체검사를 받느라 참석하지 못한 학생도 있었다. 국가의 정당한 부름에 따른 이런 학생은 국가가 보호해야 할 것이다.

결석하지 않고 강의실에 온 학생 중에는 지난밤 학과 주점에서 과음한 탓에 강의 시간 내내 책상에 엎드려 잔 학생도 있었다. 내 강의가 얼마나 듣고 싶었으면 저런 몸을 이끌고 강의실까지 찾아왔을까 싶어 감동받았다. 내가 학교를 떠나지 못하는 이유도 실은 이런 학생들이 있어서이다.

저마다 다른 사연으로 결석한 학생들의 이야기다. 그러니까 일등 이야기가 아니라 어쩌면 열외자, 꼴찌들의 이야기에 가깝다. 하지만 내가 그들 이야기를 궁금해하는 진짜 이유는 따로 있다. 재미가 있다.

세상 사람들은 일등 이야기를 열심히 퍼 나르지만 일등 이야기는 재미가 없다. 뻔하다. 이를테면 축구 황제로 불렸던 에우제비오는 "모든 경기를 마지막 경기라 생각하고……", 히딩크 감독은 "나는 아직도 승리에 배가 고파서……", 아무튼 죽어라 뛰었다는 이야기다. 얼마 전 미국육상대회에서 마지막 순간 결승선을 향해 몸을 던져 일등을 차지한 허들 선수 이야기도 마찬가지다.

김연아 선수의 발이나 이상화 선수의 발이나 모두 상처투성이이다. 그렇게 모든 것을 던져 일등상을 따냈으니 영광을 차지할 자격이 있다 해도 재미는 별로 없다. 사람들이 삶을 보려 하지 않고 일등으로 귀결된 경쟁만 이야기하기 때문이다.

꼴찌 이야기가 재미있는 이유는 사연이 다 달라서이다. 프로야구 원년 팀 중 만년 꼴찌였던 '삼미 슈퍼스타즈' 이야기만이 유일하게 소설로 쓰인 까닭도 다르지 않다. 박민규의 소설 『삼미 슈퍼스타즈의 마지막 팬클럽』에는 이런 문장이 나온다.

치기 힘든 공은 치지 않고, 잡기 힘든 공은 잡지 않는다.

치기 힘든 공을 치기 위해 밤새 배트를 휘두르고 잡기 힘든 공을 잡기 위해 온몸을 던지는 일등들은 죽었다 깨도 이 문장의 의미를 이해하지 못한다.

그러니 말이다. 일등들은 꼴찌들 앞에 겸손해야 한다. 그들은 단지 당신들처럼 모든 것을 던지지 않았을 뿐이다. 당신들이 던져버린 것들 중에, 그리고 꼴찌들이 던지지 않은 것 중에, 혹 던지지 말아야 할 무엇이 있는지 어찌 알겠는가. (2019. 7. 30.《경인일보》)

편지

3년 전 내 강의를 들었던 학생이 졸업을 앞두고 편지를 보내왔다. 종종 학생에게 편지를 받지만 이처럼 훌쩍 성장한 모습을 보여주는 경우는 흔치 않다. 혼자 읽기 아까워 이곳에서 나눈다.

안녕하세요 교수님. 저는 2015년 1학기에 경희대에서 교수님의 고전 읽기 강의를 수강했던 연극영화학과 학생입니다. 저는 내년 2월 졸업을 앞두고 있으며 학교생활을 돌아보던 중 제게 가장 큰 인상으로 남은 분이라 이렇게 안부차 편지를 보내게 되었습니다. 성실하지도, 눈에 띄지도 않는 학생이라 아마 절 기억하지는 못하실 거라 생각합니다. "난이 깊은 풀숲에 있어 찾는 사람이 없다고 하여 그것이 향기롭지 않은 것은 아니다"라는 공자의 말을 자신의 사유로 풀어내는 것이 기말 시험이었습니다.

정확히 기억하지는 못하지만 저는 신동엽 시인의 「오렌지」를 말머리에 쓰고 외부의 평가가 아니라 스스로가 자신의 정체성을 규명하는 것이 중요하다는 내용을 글로 썼습니다. 또 제가 예술을 하는 것과 여성인 자신을 인정하기 위해, 나의 향기를 긍정하기 위해 누군가의 코가 필요한 것은 아니라는 의견도 덧붙였습니다.

사실 저는 유학을 비롯한 한국철학에 흥미가 없던 학생이었고 당시 교수님의 수업도 학점을 채우기 위해 어쩔 수 없이 수강했습니다. 한국철학을 연구하는 사람은 왠지 보수적이고 정체되어 있을 것 같다는 편견도 가지고 있었습니다. 그래서인지 후마니타스칼리지에서 그토록 중시하는 '인간이 무엇이냐?'는 질문에 대한 가장 아름다운 답변을 유학 고전 강의에서 듣게 될 줄은 상상도 못했습니다. 교수님은 인간을 정의하는 것은 두 개의 팔과 다리가 존재하고, 말을 할 수 있으며, 남성과 여성이 결혼해서 가정을 이루는 등 그런 다수의 보편성에 기대는 분류가 아니라 스스로 누군지 알고 그 정체성에 충실한 것이 인간을 인간답게 만든다고 말씀하셨습니다. 다른 강의에서는 느껴보지 못한 공감과 위안 그리고 충격을 받았고 그 학기 교수님과 함께한 시간에 대해 두고두고 감사하는 마음을 간직하고 있습니다.

저는 평소 매우 비관적이고 모든 학문의 역사와 인간 사회에 대해 회의적이었기 때문에 어떤 강의를 듣고 감동하는 경우는 극히 드문 일입니다. 인간이 인간에 대해 이야기하는 것만큼 오만하고 자의식이 과잉된 일이 없다고 생각할 때도 있었습니다. 그럴 때마다 제가 작업하는 모든 창작물과 세상에 쌓여 있는 인류의 산물이 헛되게 느껴져 의욕을 잃기도 합니다. 하지만 저는 지금 세월에 구애받지 않는 영원한 가치를 추구하고, 그것이 다른 이에게 좋은 영향을 끼칠 수 있도록 노력하고 있습니다. 그동안 제가 누군지 탐구하면서 스스로 점점 더 견고해짐을 느꼈기 때문입니다. 교수님의 강의가 누군가에겐 과거를 읽는 일이 어떻게 미래의 가치로 연결될 수 있는지 깨닫게 해주었다고 생각합니다. 제가 사람과 사람이 만든 것들에 환멸을 느낄 때 교수님의 강의가 주셨던 희망을 떠올리는 것처럼요. 교수님처럼 꾸준히 기억하고 기록하고 한곳에 머무르려 하지 않는 사람이 되도록 노력하겠습니다.

건강한 겨울 보내시고 오래도록 행복하시길 바랍니다. OOO 올림.

나는 이 향기로운 편지를 읽으면서 송나라 주돈이의 「애련설(愛蓮說)」을 생각했다. 그는 연꽃을 칭송한 글에서 '향기는 멀어질수록 더 맑아진다〔香遠益淸〕'는 말을 남겼다. 나는 이 표현이 그저 문학적 수사에 지나지 않는다고 생각했지만 이 학생의 편지를 받은 뒤 생각을 바꾸게 되었다. 예상치 못한 일이 편지를 받은 다음 날 일어났다. 그날은 내가 가르치는 1학년 학생들이 마지막 시험을 치른 날이었다. 답안을 쓴 뒤 인사하고 나가는 한 명 한 명이 전에 없이 사랑스럽고 대견해 보여 나 스스로 놀라지 않을 수 없었다. 편지가 학생을 바라보는 나의 태도를 변화시킨 것이다.

앞으로 나는 모든 학생들을 이 학생을 대하듯 만날 것이다. 그러니 이 편지의 향기는 후배들에게도 전해져 멀리멀리 퍼져 나갈 것이다. 향기는 홀로 있어도 가두어지지 않는 법이다. 학생의 바람처럼 나는 오래도록 행복할 것이다. (2018. 12. 24.《경인일보》)

3부 ──────────────── 정직의 죽음을 슬퍼하며

차가운 우동

2017년 6월 3일부터 6월 6일까지 학술대회 참가차 일본 도쿄에 다녀왔다. 여행 마지막 날이던 6월 6일 현충일 아침, 우리 일행은 에도도쿄박물관으로 향했다. 내가 참여하고 있는 연구팀은 아침을 먹지 않고 일단 걷기부터 시작하는 특이한 버릇이 있었다. 목적지에 도착해서 시간이 남으면 아침을 먹고 그렇지 않으면 건너뛰기 일쑤다. 다이어트를 하기에 딱 좋긴 하지만 뺄 살이 없는 나 같은 사람에겐 고역이다.

연구팀을 이끄는 분은 올 초 서울대 의대를 퇴임한 황상익 명예교수다. 황 교수는 의사이긴 하지만 의사학(醫史學) 전공자이기에 어디를 가든 답사가 기본이라 걷는 거리가 상당하다. 이번에도 하루 평균 17킬로미터 정도를 걸었다. 덕분에 최근 오래 앉아 있어서 생겼던 허리 통증이 씻은 듯 사라졌다. 의사와 함께 다니면 이렇게 덤으로 얻는 이득이 있다.

박물관에 도착했지만 개관까지는 시간이 한참 남아 있었다. 나는 속으로 쾌재를 외쳤다. '옳거니! 오늘은 아침을 먹을 수 있겠구나.' 하지만 여의치 않았다. 문을 연 식당이 없었기 때문이다. 한 곳은 문을 열었지만 '준비중(準備中)'이라는 팻말이 붙어 있었다.

어쩔 수 없이 근처에 있던 편의점에 들어가 먹을거리를 찾았다. 나는 따끈한 우동 국물이 먹고 싶어서 우동 사발면과 삼각 김밥을 골랐다. 계산을 하고 나서 부스럭거리며 음식을 꺼내 먹으려고 하는데 관리인으로 보이는 사람이 편의점 안에서 음식을 먹으면 안 된다며 우리를 내보낸다. 거리에서 엉거주춤하고 있던 차에, 나는 오던 길에 본 공원이 생각나 일행에게 공원에 가서 먹자고 제안했다.

공원 안으로 들어간 우리는 벤치에 앉아 각자 고른 음식을 꺼내 먹기 시작했다. 내가 고른 우동은 육수까지 포장되어 있었는데, 살펴보니 육수 포장지에 냉(冷) 자가 적혀 있었다. 내가 바라던 따끈한 우동이 아니라 차가운 우동이었던 것이다. 얼핏 냉(冷) 자 위에 우리를 쫓아낸 관리인 얼굴이 겹쳐 보였다.

허기를 해결하고 주변을 둘러보는데 한쪽에 세워진 비석이 눈에 띄었다. 무슨 비석인가 싶어 가까이 가보니 '추도(追悼)'라는 두 글자가 크게 새겨져 있고 아래에는 작은 글씨로 '관동대

지진 조선인 희생자'라고 새겨져 있었다. 가슴이 아리고 목이 메어왔다.

"아, 이 비석이 우리를 인도하려고 따뜻한 아침을 먹지 못하게 했구나."

비문을 읽어보니 위령비를 세운 것은 1973년의 일이었다. 그러니까 대지진 이후 50년, 일본 군국주의가 패망한 지 28년이 지나서야 세워진 것이다.

1923년 9월에 일어난 대지진 당시 일본인들은 조선인들이 우물에 독약을 타고 폭동을 일으켰다는 유언비어를 퍼뜨리며 무려 6000명이 넘는 조선인을 학살했다. 학살을 주도한 이들은 조선인 폭동 단속령에 따라 각지에서 조직된 자경단(自警團)이었다지만 학살이 가장 먼저 자행된 도쿄와 가나가와 현에서는 군대와 경찰이 중심에 있었다.

비 앞에서 묵념하면서 당시 조선인들이 느꼈을 절망감이 어땠을지 생각해보았다. 그들은 평시에도 차별로 생존이 쉽지 않았을 터인데, 지진이라는 자연 재앙을 만났으니 보통의 일본인들보다 두려움이 훨씬 컸을 것이다. 게다가 이웃이 갑자기 자신들을 폭도로 몰아 죽이려 했으니 억울함과 두려움이 몇 배 증폭되었을 터다. 그런데 일본이라는 국가는 그들을 보호하기는커녕 학살을 방관하거나 자행했으니 그들이 느낀 공포와 절망감은 이루 다 짐작조차 못하겠다.

그런데 비에 새겨진 추도(追悼)의 '도(悼)'는 그런 절망감을 표현하는 글자가 아니다. 도(悼)는 본디 '현재의 슬픔'을 가리키는 글자이고 추(追)는 '기억한다'는 뜻이다. 곧 살아남은 자의 슬픔과 기억을 가리켜 추도라 한다. '추(追)' 자는 어떤 말의 앞에 놓이면 다음에 오는 말을 과거로 밀어버리는 힘을 지니고 있다. 하지만 추도라는 말의 경우 그런 공식이 성립하지 않는다. 슬픔을 '기억'하는 행위는 도리어 과거의 일을 현재의 일로 되살려내는 힘을 지니고 있기 때문이다. 나는 잠시 비 앞에 멈춰섰다. 저 비에 새겨진 슬픔을 지나간 일로 만들 수 있는 어떤 글자도 나는 생각해내지 못하리라는 생각이 들었다. (2017. 6. 19. 《경인일보》)

조선인 의사 김익남의 시선(視線)

2017년 초여름에 나는 히토쓰바시 대학에서 열리는 학술대회에 참가하는 참에 김익남(金益南)의 발자취를 살펴볼 기회를 가졌다. 황상익 교수에 따르면 그는 우리나라 최초의 근대식 의사로 역시 최초의 의과대학 격인 '의학교'의 교관을 지내며 처음으로 근대식 의사 서른여섯 명을 배출한 의학 교육자이기도 하다.

그는 일본에서 근대식 의학 교육을 받고 의사가 되었는데 국권 상실 이후 일제가 한국 의료계를 장악하기 위해 1908년부터 부여한 '의술개업인허장'을 받지 못해 개업의로 활동하지는 못했다. 황상익 교수는 본인의 불찰이나 우연의 결과가 아닐 거라며 그가 1919년 3·1운동 뒤 간도 용정(龍井)으로 가서 1933년 무렵까지 개업 의사로 활동한 것으로 추정했다. 또 『한국 의학의 개척자』의 지은이 정구충에 따르면 그가 만주로 망명하여

무장투쟁에 관여했다고도 하는데, 황상익 교수는 그런 사실을 뒷받침하는 문서나 증언이 없기에 역사학자로서 아직은 판단을 유보하고 있다고 한다.

우리는 황상익 교수의 인도로 도쿄지케이의과대학(東京慈恵会医科大学)으로 갔다. 김익남이 일본에서 공부한 학교가 지케이의과대학의 전신인 지케이의학교이기 때문이다. 우선 김익남과 관련된 기록을 찾을 수 있을지 몰라 지케이의과대학 도서관을 찾았다. 하지만 일이 뜻대로 풀리지 않았다. 도서관 담당자가 도서관을 둘러보는 것은 괜찮지만 자료에 손을 대서는 안 된다고 했다. 난감했다. 우리가 도서관을 구경하러 온 것이 아니지 않은가.

그런데 반전이 일어났다. 우연히 도서관에 와 있던 한 일본인이 우리의 이야기를 듣고 자신이 도움을 줄 수 있을지 모르겠다고 이야기했다. 그는 바로 지케이의대 학술정보센터 과장보좌인 아베 신이치로 자신이 지케이의학교 설립자인 다카키 가네히로의 기념관을 관리하고 있다고 소개했다. 가네히로는 서양의학을 배워 일본 해군의 군의(軍醫)로 활동했던 사람으로, 일찍이 영국 런던의 세인트 토머스 병원에서 5년간 의학을 공부한 뒤 일본으로 돌아가 일본 최초의 사립 병원인 지케이병원을 세우고 부설 의학교와 간호학교를 세운 인물이다. 그런 이의 기록을 보관한 기념관이라면 우리가 찾는 자료가 있을 가능성이 높다. 우리는 신이치를 따라 기념관으로 가서 바라던 대로 김익남의 사진과 졸업생 명부 등 중요한 자료를 열람할 수 있었다.

김익남은 여기서 의학을 공부한 뒤 1899년에 졸업했고, 1900년 조선으로 귀국하기 전까지 지케이의학교 당직의로 근무했다. 기념관 내부에는 그가 당직의로 근무하던 시절의 단체 사진이 걸려 있었다. 얼핏 보기에 평범한 단체 사진이었지만 특이한 점이 있었다. 설립자 가네히로를 중심으로 모두 스무 명의 교관이 열을 지어 정면을 바라보고 앉아 있는데, 단 한 사람, 왼쪽 두 번째 열의 두 번째 인물은 정면을 바라보지 않고 시선을 왼쪽으로 돌리고 먼 곳을 바라보고 있었다. 마치 "내가 바라보고 있는 곳은 너희들이 바라보고 있는 곳과는 다르다"라고 말하는 것 같았다. 그가 바로 김익남이다!

조선인 의사 김익남, 그는 왜 정면을 바라보지 않고 먼 곳을 바라보고 있었을까? 그가 바라보는 먼 곳은 어디일까? 혹 나와 같은 곳을 바라보고 있는 것은 아닐까? (2017. 6. 9.)

위대한 패배

"다 죽는구나. 다 죽어……." 드라마를 보던 아내가 길게 탄식
을 내뱉는다. 무슨 드라마인가 물었더니 한말 의병 활동을 배경
으로 한 〈미스터 선샤인〉이라며 줄거리를 간단하게 이야기해준
다. 이야기를 들은 나는 이 드라마가 의병 운동의 실상을 제대
로 그려냈구나 싶었다. 동학농민전쟁부터 시작해 한말의 의병
운동은 전쟁이 아니라 일방적인 학살로 점철되었기 때문이다.

 1년 전쯤 나는 서울대 통일평화연구원이 개최한 학술대회에
참가하여 장일순의 평화 사상을 주제로 발표를 했는데, 당시 동
학 연구자인 원광대 박맹수 교수는 '전봉준의 평화 사상'이라
는 제목으로 발표를 했다. 나는 박 교수의 발표를 듣고 큰 충격
을 받았다. 내가 전쟁이라고 생각했던 전봉준의 무장투쟁이 실
제로는 한쪽의 일방적인 학살이었다는 사실을 확인했기 때문
이다. 박 교수가 발굴한 자료에 따르면 전봉준의 지휘에 따른

농민군은 전쟁 내내 철저하게 불살생(不殺生)의 원칙을 지켰다. 전봉준이 내린 군령의 첫째 조항에는 적을 마주할 때 병기의 칼날에 피를 묻히지 않고 이기는 것을 으뜸가는 공훈으로 삼는다고 기록되어 있었다. 또 어쩔 수 없이 싸우더라도 결코 생명을 해치지 않는 것을 최고로 친다는 내용과 함께 행군하는 곳마다 절대 백성들의 물건을 해하지 말라는 명령도 포함되어 있었다. 도무지 군령이라고 볼 수 없는 내용이다.

실제 동학농민군을 시종일관 비판적인 입장에서 기술했던 매천 황현의 『오하기문』도 1차 동학농민혁명 당시 농민군은 민폐를 전혀 끼치지 않은 반면, 서울에서 파견된 홍계훈의 경군은 막대한 민폐를 끼쳤다고 기술하고 있으며,《도쿄아사히 신문》, 《시사신보》등 일본 측 신문도 일본 상인 가운데 농민군에게 피해를 입은 상인은 단 한 명도 없었다고 보도했다. 또《조선잡기》에서는 동학농민군의 규율을 두고 '문명적'이라고 기술하기도 했다.

그날 뒤풀이 자리에서 박 교수는 1894년 12월에 있었던 일본군과 동학농민군 간의 갑오농민전쟁 기간 동안 일본군 희생자한 명당 동학농민군 희생자는 3만 명이었다고 이야기했다. 동학농민혁명은 처참한 자기희생일지언정 전쟁은 아니었던 것이다.

동학농민혁명뿐 아니라 일제의 강점을 전후한 시기에 활동한 의병 운동도 마찬가지였다. 1907년부터 나라가 병탄된 1910년에 이르기까지 의병이 전국 각지에서 일어났지만 그들 대부분은 일제의 진압에 무자비하게 학살되었다. 초기 독립운동 기록에 따르면 의병 70여 명을 일본군 헌병 세 명이 출동하여 몰살시키는 식이다. 의병들의 무기는 몽둥이, 낫, 도끼, 화승총 따위였고 일본군은 신식 무기를 갖추고 있었으니 상대가 될 수 없었음은 말할 것도 없다.

일제 강점 후의 상황도 크게 다르지 않았다. 민영규의 『강화학 최후의 광경』을 읽어보면 정원하와 이건승을 비롯한 양명학자들은 만주로 가 독립운동에 참여하지만 살아서 돌아온 사람은 한 명도 없었다.

『손자병법』에 따르면 전쟁은 이길 수 있을 때만 하는 것인데 동학농민군이나 이후의 의병과 독립군들은 모두 이길 수 없는 전쟁을 한 것이다. 참으로 이해하지 못할 노릇이 아닌가? 더욱이 그들이 지키려던 나라는 그들을 억압하고 핍박하던 못난 나라 아닌가? 그들은 빈약한 무기와 움켜쥔 맨주먹으로 외세와 부패한 권력을 몰아내고 나라를 지킬 수 있다고 믿었던 것일까?

1907년 의병 활동을 취재하기 위해 조선에 온 영국의 기자

매켄지는 당시 항일 의병을 이끌던 젊은 지휘관의 말을 이렇게 전했다.

"이길 수 없다는 것을 알고 있다. 우리는 싸우다 죽게 될 것이다. 하지만 일본의 노예로 사느니 자유민으로 죽는 게 낫다."

그들은 질 수밖에 없더라도 전쟁에 나서야 하며 자유로운 삶을 위해 못난 나라도 지켜야 한다고 생각했던 것이다. 아내가 드라마의 마지막 편을 보면서 대사를 따라 중얼거린다.

"죽는 것은 두렵지 않다. 불꽃으로 살다 가겠다. 이게 나의 세계다."

혹 이 나라를 침략하는 세력이 있다면 나도 그들처럼 가망 없는 전쟁에 나설 수 있을 것인가. (2018. 10. 1.《경인일보》)

아침에 도를 듣고자 하면

『논어』를 읽다가 '아침에 도를 들으면 저녁에 죽어도 좋다[朝聞道 夕死可矣]'라는 대목에 이르러 책을 덮고 가만히 생각에 잠긴 적이 있다.

매사에 중용을 따르던 공자가 어찌하여 '죽어도 좋다'는 과격한 말을 했을까? 설마 하니 도를 듣고 나면 죽어야 한단 말인가? 목숨 바칠 만한 도가 과연 있기나 한 걸까? 공자는 나이 오십에 천명을 알았다고 하니 그때 도를 들었다고 할 법한데 왜 죽지 않고 일흔세 살(혹은 일흔네 살)까지 살았을까?

별의별 의심이 꼬리를 물어 생각이 길어졌지만 이 말을 꼭 죽겠다는 결연한 각오가 아니라 간절히 바라던 일을 이루고 나면 더 이상 여한이 없겠다는 일상적인 의미로 이해하고 나서야 비로소 마음이 편안해졌다. 예컨대 나도 13경(유가에서 중시하는 13종의 경서)을 모두 풀이하고 나면 죽어도 좋겠다고 생각한 적이 있다. 물론 그때도 정말 죽을 생각은 없었지만 말이다.

이렇게 기억의 한구석으로 밀려났던 『논어』의 이 대목이 다시 염두에 놓인 것은, 언젠가 장부출가생불환(丈夫出家生不還: 장부가 한 번 집을 나서면 살아서는 돌아오지 않는다)이라고 적힌 글씨를 보았을 때였다. 처음에는 어떤 허풍쟁이가 저런 허튼소리를 했을까 싶어 아연했다가 종내 수긍하며 고개를 끄덕일 수밖에 없었으니, 글을 남긴 사람이 매헌 윤봉길이었고 그의 삶이 과연 저 말과 부합했기 때문이다. '조문도 석사가의'를 문자 그대로 '도를 들으면 목숨을 바친다'는 뜻으로 이해하는 사람이 있었던 것이다.

나는 생각했다. 아, 그렇구나. 죽기를 기약하지 않고는 도를 들을 수 없는 것이로구나. 그렇다면 저녁에 죽고자 함은 아침에 도를 듣기 위해서구나. 이 사람은 『논어』를 제대로 읽었구나. 『논어』에 이르길 지사(志士)와 인인(仁人)은 삶을 구하기 위해 인(仁)을 해치는 일은 없고 자신을 죽여 인을 이룬다 하지 않았던가.

윤봉길은 1930년 3월 6일 고향 예산을 떠나 중국 상하이로 망명했는데 2년 뒤 일제가 상하이를 침략하자 고향의 동생에게 이런 편지를 보냈다.

집을 떠날 때 각오한 장부출가생불환(丈夫出家生不還)의 결심을 이번에 실행한다. 너에게 부탁하니 부모님을 공양하라. 효가 나라 사랑의 근본이다.*

마침내 1932년 4월 29일, 일제가 전승 축하 행사를 열고 있던 상해 홍커우공원에 간 그는 일본군 장교들이 모여 있던 단상 위로 폭탄을 투척했다. 이 의거로 일본군 대장 시라카와는 폭사하고 노무라 중장은 실명, 우에다 중장은 다리가 절단되는 등 다수의 일인들이 죽거나 다쳤다.

거사 후 체포된 윤봉길은 한 달이 채 안 된 5월 25일 일본군 법회의에서 사형을 선고받고, 같은 해 12월 19일 가나자와 육군 형무소에서 총살형이 집행되어 순국하였다. 그의 나이 스물다섯 살이었다. 일제는 그의 시신을 공동묘지로 가는 길목에 매장하여 사람들이 밟고 다니게 함으로써 끝까지 저열한 보복으로 그를 모독했다. 그의 시신은 광복 이후 고국으로 옮겨져 현재는 효창공원에 안장되어 있다.

짧은 삶을 살았던 윤봉길은 『논어』를 풀이하거나 번역한 적이 없지만 그의 삶을 보면 『논어』를 어떻게 읽었는지 분명하게

---

* http://www.newscj.com/news/articleView.html?idxno = 324217에서 재인용.

알 수 있다. 어떤 이는 『논어』를 읽고 나라를 위해 목숨을 바치고, 어떤 자는 『논어』를 읽고 나라를 팔아먹는다. 『논어』는 읽는 사람의 그릇에 따라 커지기도 하고 작아지기도 하는 것이다.

다음은 윤 의사가 거사에 나서기 전 작성한 선서문이다.

나는 적성(赤誠: 마음에서 우러나오는 참된 정성)으로써 조국의 독립과 자유를 회복하기 위하여 한인애국단의 일원이 되어 중국을 침략하는 적의 장교를 도륙하기로 맹서하나이다.

대한민국 14년 4월 26일 선서인 윤봉길

한인애국단 앞

말미에 분명히 적혀 있는 '대한민국'이라는 국호에서 그가 지키려 했던 나라가 대한민국이었음을 알 수 있다. 1948년 이전에는 대한민국이 없었다고 주장하는 이들은 눈을 씻고 다시 살펴야 할 것이다. (2019. 9. 10.《경인일보》)

누군가의 이름을 부른다는 것

국민학교 6학년 때 나와 가장 친하게 지내던 친구가 우리 반 대표로 뽑혀 라디오 방송 퀴즈 대회에 나갔다. 평소 워낙 박식했던 친구는 처음부터 정답을 척척 맞히며 승승장구했다. 마침내 전교생 중에서 단 두 명만 남아 우승을 바라보게 되었는데…….

이윽고 마지막 문제가 출제되었다.

"거란이 고려를 침략했을 때 거란군을 크게 무찔러 나라를 지킨 고려의 장군은 누구인가요?"

친구가 먼저 손을 들었다. 우승은 따놓은 당상이었다. 교과서에 실려 있는 내용이었기 때문이다. 지명을 받은 친구는 당당하게 대답했다.

"양규입니다."

강당에 잠시 침묵이 흘렀다. 이윽고 진행자는 정답이 아니라고 이야기했다. 정답은 강감찬이었다. 기회를 놓친 친구는 우승하지 못했다. 하지만 대회가 끝난 뒤 담임선생님은 우리에게 이렇게 말씀하셨다.

"양규를 알다니 우승한 것보다 자랑스럽다!"

나도 그렇게 생각한다. 나는 사실상의 우승자가 내 친구였다고 생각하지만 중요한 건 따로 있다. 강감찬은 대승을 이끌어 큰 공을 세웠고 나라로부터 보상을 받았지만 양규는 나라를 지키기 위해 싸우다 죽었다. 친구가 강감찬을 몰랐을 리가 없다. 양규를 아는 사람은 드물지만 강감찬을 모르는 사람은 없기 때문이다. 그래도 친구는 양규를 먼저 호명했다. 놀랍지 않은가.

나는 강감찬을 호명하면 양규가 제외되지만, 양규를 호명하면 강감찬도 포함된다고 생각한다. 우리가 무명용사를 기억해야 하는 이유가 거기에 있지 않은가.

나는 경상북도 영일군 구룡포읍에 있는 구룡포국민학교를 다녔다. 담임교사는 이상훈 선생님. 친구의 이름은 방종문이다.
(2018. 8. 20.)

소년들에게

어제 광화문광장에는 참으로 다양한 사람들이 모였다. 나와 함께 거리를 행진했던 교수자나 연구자들도 있었고, 유모차를 끌고 나온 가족들, 동네 독서 모임에서 함께 책을 읽다가 나왔는지 손에 책을 들고 나타난 사람들, 그리고 몸이 불편하여 휠체어를 타고 나타난 어르신까지 볼 수 있었고, 지방의 여러 대학에서 올라온 대학생들, 집회를 구경하기 위해 모여든 외국인 관광객들, 심지어 전학련을 비롯한 일본의 여러 단체에서 파견한 다수의 노동자가 깃발을 들고 참여했다.

여기저기 각 지방의 사투리가 들렸고 남녀노소가 함께 어울려 노래를 부르고 구호를 외치는 모습으로 광장은 마치 완전히 새로운 장소로 다시 태어난 것처럼 활기가 넘쳤다.

가장 인상적이었던 것은 여러 곳에서 중학생이나 고등학생들로 보이는 학생들이 무리지어 행진하며 구호를 외치는 모습이었다. 을지로에서부터 일행과 함께 행진하여 광화문 앞을 지나서 정부종합청사 왼쪽에 모였을 때의 일이다. 발 디딜 틈이 없을 정도로 많은 사람이 모여 있는데, 한 무리의 중고생들이 줄을 지어 군중 한가운데로 들어왔다. 중고생연대였다. 사람들은 길을 열어주며 박수 쳤고, 우리 일행 중에도 들뜬 목소리로 그들을 격려하는 이가 있었다.

그곳에 마련된 단상에서 자유발언이 시작됐다. 다양한 계층, 다양한 연령대의 시민들이 자유발언을 이어갔다. 모두들 정성을 다해 자신이 하고 싶은 말을 힘주어 이야기했다. 시민들과 대학생들의 발언이 끝나고 고등학생과 중학생이 단상에 올라 이야기를 시작했다. 듣고 있던 나는 깜짝 놀랐다. 어찌된 일인지 자유발언을 하는 이의 나이가 어려질수록 무슨 말을 하는지 더 잘 이해할 수 있었다. 그저 논리가 정연했다거나 목소리가 분명했다는 이야기가 아니다. 내가 정말 놀란 이유는 그들의 한마디 한마디에서 이 세상을 참으로 걱정하는 진심이 어려 있음을 분명히 느낄 수 있었기 때문이다.

나는 심장이 빠르게 뛰는 것을 느꼈다. 소년들의 목소리는 단숨에 나를 그 시절로 돌려놓았다. 눈앞이 흐려졌다. 내 안의 소년이 눈물을 흘리고 있었던 것이다. (2016. 11. 13.)

정직(正直)의 죽음을 슬퍼하며

노나라 임금이 공자에게 "어떻게 해야 백성이 승복합니까?" 하고 묻자, 공자는 이렇게 대답했다.

"정직한 사람〔直〕을 굽은 자〔枉〕 위에 두면 백성이 승복하고, 굽은 자를 정직한 사람 위에 두면 백성이 복종하지 않습니다."

또 제자 번지가 앎에 대해 물었을 때도 "정직한 사람〔直〕을 굽은 자〔枉〕 위에 두면 굽은 자를 곧게 펼 수 있다"라고 대답했다. 여기서 정직한 사람을 가리킨 직(直) 자는 '곧은 나무판'을 뜻하고, 부정직한 사람을 가리킨 왕(枉) 자는 '구불구불 휘어진 나무판'을 뜻한다. 옛 목수들은 굽은 나무판을 곧게 펴려면 곧은 나무판을 그 위에 올려놓으면 된다는 사실을 알았기에 이런 말이 생긴 것이다.

오늘 어느 페이스북 친구가 올린 게시물에서 세월호 잠수사 김관홍 씨가 청문회에서 진술하는 영상물을 보았다. 나는 망연

자실하지 않을 수 없었다.

"잠을 이루지 못해 정신과 치료제를 계속 먹었습니다. 그러다가 유족들을 만났을 때 '고맙다'는 말 한마디를 듣고 나서 약을 끊을 수 있었습니다. 약이란 화를 그저 눌러놓기만 할 뿐이지 치료가 안 돼요. 그런데 유족들의 그 한마디가……. 저희는 포기하지 않았습니다. 열한 명의 시신이 물속에 잠겨 있는데, 왜 저희가 그런 식으로 쫓겨나야 했는지 묻고 싶습니다. 저희는 노가다예요. 저희는 단순합니다. 기면 기고 아니면 아닌 겁니다."

정직에 관한 한 나를 이보다 더 가슴 아프게 하는 말을 들어본 적이 없다. 이 말에는 무엇이 정직인지, 또 우리가 불행을 당한 이웃을 어떻게 위로할 수 있는지가 분명하게 드러나 있다. 아이들의 시신 열한 구가 물속에 잠겨 있으면 어떤 위험을 무릅쓰고라도 들어가서 꺼내 와야 한다, 이것이 잠수사의 정직이 아니면 도대체 무엇이 정직이란 말인가?

그가 죽었다. 자살한 것으로 보인다. 그의 죽음은 이 나라에서 이웃의 불행을 가장 가슴 아파한 사람이 누구였는지 알려준다. 그는 스스로 노가다라고 말했던 것처럼 가장 낮은 자리에서 일하는 노동자였다. 그러니 가장 낮은 곳에 있는 사람이 가장 정직한 것이 이 나라의 진실이다. 이렇게 우리의 정직은 두 번 세 번 연이어 바닥으로 침몰하고 있다. 한없이 부끄럽고 가 슴 아프다. 공자는 목수에게 배웠는데 왜 이 나라는 잠수사에게 배우지 못하는가? (2016. 6. 18.)

늦게 도착한 시집

어제 경희대학교 국제캠퍼스(경기도 용인)에 갔다가 어지럽게 뒤섞인 행정실 우편물 더미 속에서 나희덕 시인이 보내온 시집 『파일명 서정시』를 발견했다. 겉봉의 우체국 소인에는 분명히 '2018. 11. 23'이라 찍혀 있는데 대관절 어찌하여 석 달도 더 지난 지금, 계절마저 바뀐 뒤에야 내게 왔단 말인가. 게다가 적힌 주소는 서울 회기동인데 어디를 떠돌다가 이곳으로 배달되었는지 모를 일이다. 아무튼 이태 전 시인의 산문집 『한 걸음씩 걸어서 거기 도착하려네』를 읽으며 사소한 일상에서 커다란 경이를 발견하는 글에 감탄했던 나는 이번에도 비슷한 기대감을 품은 채로 시집을 펼쳤다가 그만 아픈 데를 찔린 병자처럼 지금껏 움찔거리고 있다.

　나는 시인이 이전에 펴낸 또 다른 서정시집을 여러 권 가지고 있다. 서정시라는 말에 어울릴 만큼 하나같이 아름다운 시어들로 가득한 시집들이다. 하지만 이번 시집에는 쉽사리 입에서 꺼낼 수 없는 두려운 말들로 가득하다. 후기에는 시인의 고백이 이렇게 적혀 있다.

이빨과 발톱이 삶을 할퀴고 지나갔다.
내 안에서도 이빨과 발톱을 지닌 말들이 돋아났다.

이 피 흘리는 말들을 어찌할 것인가.

시는 나의 닻이고 돛이고 덫이다.
시인이 된 지 삼십 년 만에야 이 고백을 하게 된다.*

닻과 돛과 덫. 세 단어의 받침에 웅크린 'ㅊ'이 마치 가시 같아 보였다. 과연 시에는 상처 자국이 선연하다. 그래, 가시에 여기저기 걸려서 오는 길이 이렇게 험하고 더디었구나. 닻은 내리고 돛은 올리고 덫은 걸리는 것이다. 시인은 어쩌면 돛을 올려 다다르거나 닻을 내리고 잠시 머무는 장소를 찾으려 했을지도 모르겠다. 그렇게 읽히는 시(「기슭에 다다른 당신은」, 「여기서는 잠

* 나희덕, 『파일명 서정시』, 창비, 2018.

시」)가 드문드문 보이기 때문이다. 그러나 그곳이 어디든 덫에 걸려 몸부림 친 흔적이 역력하다. 덫은 땅 위(「이 도시의 트럭들」)와 땅 아래(「헐거인간」), 바다 속(「가라앉은 자와 구조된 자」)과 바다 밖(「난파된 교실」), 심지어 하늘(「새를 심다」)에도 촘촘히 설치돼 있다. 시인이 그간 얼마나 힘든 시간을 견디어왔는지 느껴져 책장을 넘기는 손이 무거웠다.

　시에는 지난 몇 해 동안 시인이 본 것이 고스란히 담겨 있다. 저 비극적인 2014년 4월 16일 이후 시인은 이렇게 썼다.

　　난파된 교실*

　　(……)

　　지금도 교실에 갇힌 아이들이 있다

　　책상 밑에 의자 밑에 끼여 빠져나오지 못하는 다리와

　　유리창을 탕, 탕 두드리는 손들,

　　그 유리창을 깰 도끼는 누구의 손에 들려 있는가

　아마도 이 시는 시인이 걸린 덫이 가장 깊은 상처를 남긴 흔

---

*　앞의 책.

적일 테다. 이 외침 때문에 시인은 지난 정권 시절 세 기관으로부터 불온한 자로 지목당하여 블랙리스트에 오르는 수난을 겪기도 했다. 아이들의 절규를 대신한 이런 시가 불온하게 여겨졌다면 그런 마음이야말로 정말 불온한 것 아닌가?

남송의 철학자 주희는 '시란 말로 표현하지 못하고 남은 것들이 모여 소리와 가락을 이룬 것'이라 했다. 그러니까 말로는 표현할 수 없는 것이 있어야 시를 쓸 수 있는 법이다. 주희의 이 말에 따르면 시는 말로 쓰는 것이 아니라 말이 끝나는 지점에서, 말이 멈추는 곳에서 시작하는 것이다. 그러므로 말로 표현할 수 없는 마음이 없는 이는 시를 쓸 수 없다. 나희덕 시인의 이 시는 차마 말로 옮길 수 없는, 가슴 아픈 진실을 적어낸 것이다. 하지만 그 때문에 시인은 또 다른 덫에 걸려 괴로워할 수밖에 없고 그 말할 수 없는 상처가 다시 시가 되어 이렇게 모습을 드러낸 것이다. 덫에 걸려 괴로워하지 않았다면 이 시들은 나오지 않았을 것이다. 그렇다면 시인이 덫에 걸렸다는 것은 어쩌면 독자에게는 다행스런 일일지도 모르겠다.

나는 언젠가 시인이 닻을 내린 곳에서 저녁이 오는 소리를 가만히 듣고(「그 복숭아나무 곁으로」) 새벽녘 능선 위에서 쉬고 있는 상현달에서 신의 모습을 보고 싶다(「상현(上弦)」). 그래서 파일에서 해방되어 반짝이는 시어들을 만끽하고 싶다. 하지만 그러기엔 아직 다물어야 할 입들이 너무 많다. 어둠이 너무 짙다.

(2019. 3. 25.《경인일보》)

베르메르와 쉼보르스카와 희망

2012년 세상을 떠난 폴란드 시인 비스와바 쉼보르스카는 네덜란드 레이크스 미술관에 간 적이 있다. 시인이 그곳에서 얼마나 많은 작품을 감상했는지 알 수 없지만 17세기 네덜란드의 화가 베르메르의 그림 〈우유를 따르는 여인〉 앞에 가장 오랫동안 머물렀던 것만은 확실하다. 다음과 같은 시를 남겼기 때문이다.

베르메르*

레이크스 미술관의 이 여인이
세심하게 화폭에 옮겨진 고요와 집중 속에서
단지에서 그릇으로

* 비스와바 쉼보르스카, 『충분하다』, 최성은 옮김, 문학과지성사, 2016.

베르메르, 〈우유를 따르는 여인〉, 1658년경, 국립미술관 암스테르담 소장.

하루 또 하루 우유를 따르는 한
세상은 종말을 맞을 자격이 없다.

시인은 베르메르의 그림에서 고요와 집중을 읽어내고 있다.
하지만 그림에 묘사된 장소는 하녀가 일하는 주방이다. 비록 탁자에 놓인 빵에 햇살이 따사롭게 내려앉고 있지만 이 작업장이 고요하거나 따뜻할 리 없다. 그림 오른쪽 아래에 놓여 있는 발난로를 보더라도, 장식이라곤 없는 벽을 보아도 춥고 지저분하며 시끄러운 곳임이 틀림없다.

그러나 시인은 그림 속의 풍경에서 우유가 쪼르르 흘러나오는 소리를 또렷이 들었을 것이다. 그림 속의 여인이 따르는 우유와 탁자에 놓인 빵은 아마도 자신이 먹을 음식은 아닐 게다. 그럼에도 하얗고 가느다란 우유 줄기에서 그녀의 집중이 분명히 보인다. 그것은 누군가를 공양하기 위한 정성이자 세상을 지탱하는 숭고한 힘이다.

그렇기에 시인은 저 여인이 "하루 또 하루 우유를 따르는 한/세상은 종말을 맞을 자격이 없다"라고 적었으리라.

아름다운 그림 한 폭과 그에 맞춤한 아름다운 시다. 그런데 이 아름다운 이야기를 마음 편하게 받아들일 수만은 없다. 지배자의 관점에서 이를 바라보면 전혀 다른 이야기가 만들어질 수 있기 때문이다.

그러니까 저 여인에게 이토록 아름답고 숭고한 일이니 너는 평생 우유나 따르라고 이야기한다면 어떤 일이 일어날까? 순식간에 성자는 노예가 되고 숭고는 마취제가 되고 만다.

그림 속의 여인에게만 해당하는 이야기가 아니다. 우리 사회에서 노동자가 하는 일, 이를테면 택배 기사나 편의점 점원이 하는 일도 그림의 여인이 하는 일만큼이나 대단히 중요하다. 세상은 그런 사람들의 숭고한 노동으로 떠받쳐지고 있기 때문이다.

하지만 자본주의적인 방식으로 이들 노동자를 대하면 어떤 서사가 만들어질까? 그러니까 당신들이 하는 일이 고객에게 그토록 중요하니 밤새도록 배달하고 손님이 없어도 자리에 앉지 말고 일하라고 요구한다면?

태안 화력발전소에서 일어난 김용균 씨의 죽음은 바로 그런 자본주의적 서사의 돌이킬 수 없는 비극적 결말이다. 고용노동부의 확인에 따르면 사고로 작업 중지 명령이 내려진 이후에도 주변의 컨베이어벨트는 계속 돌아가고 있었다. 우리는 그런 희생으로 생산된 전기를 쓰면서 따뜻하게 지내고 있었던 것이다.

비단 김용균 씨의 비극에 국한된 이야기가 아니다. 통계에 따르면 연간 1000여 명의 노동자가 작업장에서 죽어가고 있다. 올해에도 장시간 노동에 시달리던 택배 노동자가 과로로 숨지고, 자동문을 설치하던 노동자가 문틈에 끼여 목숨을 잃었다. 끼이고 깔리고 떨어져 목숨을 잃는 것이 이 나라 노동자의 처지인 것이다.

일하던 노동자가 목숨을 잃었는데도 계속 돌아가야 하는 컨

베이어벨트가 있다면 그것은 악마의 맷돌이다. 그런 세상 어디에도 숭고는 없다. 이것이 내가 이 아름다운 그림과 시를 마냥 편안한 마음으로 보거나 읽지 못한 이유다. 일터에서 죽어가는 노동자가 있는 한, 기계 때문에 목숨을 잃는 노동자가 있는 한 우리에겐 희망을 품을 자격이 없다. (2019. 2. 11.《경인일보》)

태국 사람들의 셈법

도정일 선생의 산문집 『쓰잘데없이 고귀한 것들의 목록』에는 태국 사람들의 셈법이 소개되어 있다.

선생의 제자 중에 태국에 갔다가 태국 사람들의 독특한 셈법 때문에 그 나라에 푹 빠져버린 이가 있다. 그가 전하는 이야기에 따르면 태국 사람들은 오징어를 팔 때, 한 마리를 사면 30바트를 받고 세 마리를 사면 100바트를 받는다. 한꺼번에 많이 사면 깎아줄 법한데 도리어 10바트를 더 내야 한다. 적게 사면 싸게, 많이 사면 비싸게 파는 것이다.

도정일 선생은 이 일화를 소개하면서 태국 사람들의 소박한 계산법은 경제학적 산물이 아니라 문학적 산치(算痴: 숫자 계산에 밝지 못한 사람)의 결과라며 시장에서조차 시장 바깥을 그리워하는 인간의 모습을 그들의 삶에서 찾을 수 있다고 이야기하고 있다.

글을 다 읽고 나서 대형 마트에서 대량으로 싸게 구매하는 데 익숙한 한국인들이 과연 태국 사람들의 계산법에 동의할 수 있을까 생각해보았다. 아마도 동의할 사람이 거의 없을 것이다. 만약 한국의 시장에서 오징어를 저런 식으로 거래하면 오징어 소비가 억제되어 매출이 늘지 않을 테고 성장에 걸림돌이 될 것이기 때문이다.

하지만 나는 태국 사람들의 특이한 계산법에는 그들이 수천 년 동안 공동체를 일구며 살아온 오래된 지혜가 들어 있다고 생각한다. 혹 언젠가 오징어가 귀했던 시절에 누구나 오징어를 먹을 수 있게 하려고 저런 거래가 생겨나지 않았을까? 그러니까 먼저 온 사람, 돈 많은 사람이 싹쓸이해버려서 나중에 오는 사람이 살 게 없어지는 일을 방지하려고 한 마리를 사면 싸게 팔고 많이 사면 비싸게 팔기 시작한 것 아닐까?

사람들이 누구나 오징어를 한 마리씩만 사 가면 매출이 늘어나지는 않겠지만 오징어가 동나는 일 또한 없을 것이다. 또 오징어를 먹는 사람과 먹지 못하는 사람으로 공동체가 분열되는 일도 일어나지 않을 것이다. 시장의 오징어뿐만 아니라, 한 사람당 오징어를 한 마리씩만 사 가면 어부들 또한 오징어를 많이 팔기 위해 무분별하게 남획하지 않을 테니 바닷속 오징어도 동날 일이 없을 것이고 자신들뿐 아니라 후손들까지 오징어를 먹지 못하는 일을 막을 수 있게 될 것이다. 태국의 경제는 성장하지 않을지 몰라도 공동체가 무너지는 일은 없을 것이다.

걸핏하면 성장 타령을 해대는 한국의 경제학자들은 태국에 가서 오징어 요리를 먹으면서 그들의 셈법을 한번 배워보는 것은 어떨까. 단, 한 마리씩만 사 먹으며. (2018. 8. 25.)

유교와 갑질

얼마 전 유교 문화와 갑질의 상관관계에 대한 인터뷰를 요청받았다. 대꾸도 안 했다.

유교의 핵심 가치는 인(仁)이고, 인을 가장 쉽게 설명한 말이 "내가 바라지 않는 것을 남에게 하지 마라〔己所不欲 勿施於人〕"라는 공자의 황금률이다. 다른 사람에게 갑질당하기 싫으면 너도 다른 사람에게 갑질하지 마라는 말로 바꿀 수 있겠다.

인터뷰에 응하지 않은 까닭은 지금 우리의 잘못으로 일어나는 대부분의 문제를 모조리 유교 탓으로 돌리는 반지성에 넌덜머리가 났기 때문이다.

세월호 참사가 일어났을 때 동료 교수 중 한 사람이 내게 이렇게 말했다.

"세월호 참사에서는 선장이 배를 버리고 맨 먼저 탈출했고, 한국전쟁 때는 이승만이 서울을 버리고 맨 먼저 도망쳤고, 임진

왜란 때는 선조가 나라를 버리고 의주까지 피신했다. 이게 모두 유교 때문이다."

나는 이렇게 대답했다.

"세월호 선장이 유교를 신봉하는지 확인된 적 없고, 이승만 은 기독교 신자였으며, 선조는 유교를 신봉했겠지만 유교의 배 신자다. 『논어』를 보면 공자가 맹지반을 칭찬하는데 그가 전쟁 터에서 패주할 때 맨 뒤에 머물렀기 때문이다. 그런 공자가 저 세 사람을 어떻게 평가할까?"

이후로 나는 비슷한 질문에 대꾸하지 않게 되었다. 우리의 역 사에서 유교가 차지하는 비중이 컸던 만큼 어찌 유교 탓이 아닐 수야 있겠는가? 또 역사 속의 유교는 다른 종교나 이념과 마찬 가지로 수많은 과오가 있는 것이 사실이다. 하지만 유교적 가치 에 반(反)하는 것조차 유교 탓으로 돌리는 무지는 피해야 하지 않겠는가.

갑질도 유교 탓, 출생률 저하도 유교 탓, 인명 경시 풍조도 유 교 탓, 부정부패도 유교 탓, 황금만능주의도 유교 탓, 건물주의 횡포도 유교 탓, 아무튼 나쁜 건 모두 유교 탓.

유교를 모르는 지금 우리는 그토록 현명한가? (2018. 8. 11.)

에오윈의 승리

영화 '반지의 제왕' 시리즈 제3편 〈왕의 귀환〉에 나오는 에오윈은 로한의 왕 세오덴의 조카딸로 전투에 나섰다가 반지의 악령 나즈굴과 맞닥뜨린다. 작품의 설정상 나즈굴은 인간이 죽일 수 없는 불사의 존재다. 따라서 그녀와 나즈굴의 대결은 나즈굴의 승리로 끝나는 것이 당연하지만 여기서 반전이 일어난다. 나즈굴이 "No man can kill me"라고 말하자, 그녀는 투구를 벗어던진 다음 "I am no man"이라 말하고는 단칼에 그를 찔러 죽인 것이다. 누구나 알고 있는 것처럼 여기서 'man'은 두 가지 뜻으로 쓰였다. 나즈굴이 말한 'man'은 '인간'을 가리키고 에오윈이 말한 'man'은 '남자'를 가리킨다. 나즈굴은 "어떤 인간(man)도 나를 죽일 수 없다"라고 말했는데, 에오윈은 "나는 남자(man)가 아니다"라고 받아치며 애초의 설정을 무너뜨리지 않은 채 승패를 뒤집어버린 것이다.

나는 저 장면을 보면서 엄청난 카타르시스를 느꼈다. 에오윈이 죽인 것은 단지 나즈굴만이 아니며 애초에 남성(man)은 인간(man)이고 여성(woman)은 남성의 부속물(wifman)로 설정되어 온 언어의 패악이 송두리째 부서지는 느낌을 받았기 때문이다.

도대체 인간을 'man'이라 하고 다시 '남성'이라는 의미를 부여해 남성이 아닌 인간 존재들은 지칭할 수도 없게 한 발상은 어디에서 기원한 것일까?

만약 나즈굴이 인류를 괴롭히는 악을 비유한 거라면 차별이라는 악으로부터 인류를 구할 사람은 누구일까?

No man can save Man. (2018. 8. 20.)

침팬지와 인간

필립 글래스의 익숙한 음악에 이끌려 2018 EBS 국제 다큐멘터리 영화제 상영작인 〈제인〉을 보았다. 침팬지 연구자인 제인 구달의 일생을 다룬 작품이다.

1960년 식당 웨이트리스로 일하며 모은 돈으로 아프리카 탄자니아의 곰베에 간 구달은 여섯 달 동안 침팬지를 관찰했지만 성과가 없었다. 그저 먼 거리에 있거나 도망가는 침팬지를 보았을 뿐이다.

그러던 어느 날 믿기지 않는 일이 일어났다. 도망가지 않는 최초의 침팬지를 만난 것이다. 그는 얼굴에 흰 턱수염이 있어 쉽게 알아볼 수 있는 데이비드 그레이비어드라는 침팬지였다. 그날부터 침팬지들은 그녀를 받아들였고 그녀는 마법의 세계에 들어갔다. 침팬지들이 사는 숲과 언덕이 자기 집이 된 것이다.

침팬지들과 친구처럼 교류하게 되면서 구달은 그들에게도 마음이 있다는 사실을 알게 되었다. 당시, 그러니까 1960년대 과학자들은 인간에게만 마음이 있다고 했는데 그렇지 않다는 사실을 알게 된 것이다. 하긴 당시 그녀는 대학에 가지 않았기 때문에 과학자들이 그렇게 생각한다는 것조차 알지 못했다.

얼마 후 그녀는 놀라운 모습을 발견했다. 그레이비어드가 가느다란 풀줄기를 자른 다음 그것을 이용하여 벌레를 잡아먹는 모습을 본 것이다. 인간 이외의 동물이 도구를 사용하는 현장을 최초로 발견한 것이다. 인간에 대한 새로운 정의가 필요해진 역사적인 순간이었다.

그녀가 관찰한 침팬지 공동체는 인간 사회와 닮은 점이 많았다. 수컷들의 왕 맥그리거, 암컷들의 우두머리 플로, 그리고 그녀의 딸 피피……. 그들은 공동체를 이루며 평화롭게 살고 있었다. 구달과 친해진 뒤에는 인간에 대한 두려움이 사라져 때로 캠프로 들어와 담요나 베개를 훔쳐 가기도 했다. 도둑질하는 것마저 인간과 닮았던 것이다.

가족을 이루며 사는 모양도 인간과 비슷했다. 암컷 우두머리 플로*는 여러 마리의 수컷과 교미를 했고 얼마 뒤 아들 플린트를 낳았다. 플로와 딸 피피, 아들 플린트, 이렇게 세 식구가 된 것이다. 플린트가 태어나면서 구달은 침팬지의 탄생부터 죽음까지 50년간 관찰할 거리가 생겼다고 기뻐하는데…….

그녀에게 가장 고통스러웠던 순간은 침팬지들이 소아마비 전염병에 걸려 죽어가는 모습을 지켜볼 때였다. 그녀는 마침내 백신을 구해 접종하기 시작했다. 일부 연구자들은 자연에서 일어난 일은 자연 그대로 두는 것이 옳다고 이야기했지만 그녀는 듣지 않았다.

그녀는 이렇게 말했다.

"인간을 돕는 것과 동물을 돕는 것에 다른 점은 없다." (2018. 8. 26.)

---

* 플로는 50년 넘게 살다가 죽는데 플로가 죽은 지 3주 후에 아들 플린트도 우울증에 걸려 죽고 만다. 그리고 침팬지 공동체는 붕괴된다. 침팬지 간에 전쟁이 일어나 평화로운 낙원은 파괴되고 말았다. 그 모습을 지켜본 구달은 이렇게 말했다. "침팬지는 사람과 비슷하지만 사람보다 선한 줄 알았다. 하지만 그렇지 않다는 걸 알았다. 나는 그 사실을 받아들이는 데 오랜 시간이 걸렸다."

하마의 죽음

며칠 전 〈동물의 왕국〉 세렝게티 편을 보는데 짝짓기 경쟁에 나섰던 하마가 죽자 가족으로 보이는 하마들이 곁에 모여 애도하는 장면이 나와 한동안 화면에서 눈을 떼지 못했다.

또 물속에서 죽은 어미 하마의 곁을 떠나지 않고 지키는 새끼 하마의 모습도 인상적이었다. 새끼 하마는 사방에서 악어가 몰려드는데도 오랫동안 어미 곁을 떠나지 않다가 악어 떼가 어미의 사체를 뜯어 먹기 시작한 뒤에야 그곳을 떠났다.

내가 이해할 수 없었던 것은, 과학자들이 코끼리나 하마 같은 동물들이 죽은 동료를 애도하면서 보이는 여러 행동을 두고 아직 그 이유가 정확하게 알려지지 않았다고 이야기하는 대목이었다. 이를테면 새끼 하마는 죽은 어미 하마의 사체에 입을 대고 피부를 핥는데 왜 그러는지 알 수 없다는 것이다. 어느 과학자는 미네랄을 섭취하기 위해서라는 다소 어이없는 견해를 내놓기도 했다.

나는 새끼 하마가 죽은 어미 하마를 애도하는 이유가 사람의 경우와 다르지 않다고 생각한다.

얼마 전에 푸에르토리코 해안에서 어미 범고래가 태어나자마자 죽은 새끼를 17일 동안 1600킬로미터를 데리고 다닌 사실이 보고되었다. 왜 어미 범고래는 이미 죽은 자식을 데리고 다녔을까? 두말할 것도 없이 어리석은 질문이다.

만약 동료의 죽음을 애도하는 동물들의 행동을 이해할 수 없다면 사람이 죽은 사람을 애도하는 여러 행위 또한 이유를 알 수 없을 것이다.

내가 정말 알고 싶은 것은, 동료의 죽음을 애도하는 동물들이 그렇게 행동하는 이유가 아니라 인간이 동물들의 행동에서 교훈을 얻지 못하는 이유이다.

죽음을 슬퍼하는 이유는 과학의 연구 대상이 아니다. (2018. 10. 29.)

그레타 툰베리

얼마 전 미국의 트럼프 대통령이 환경운동가 그레타 툰베리를 조롱하는 글을 트위터에 올렸다는 기사를 읽었다. 그간 보아온 트럼프의 인격을 감안할 때 전혀 놀랄 일이 아니지만 전 세계에서 화석연료를 가장 많이 소비하는 국가의 대통령이 어떻게든 의견을 표명해야 할 정도로 툰베리의 영향력이 커졌음을 확인할 수 있다는 점에서 놀라운 일이다.

나는 지난 학기 '세계와 시민' 교과목을 강의하면서 툰베리에게 관심을 가지게 되었다. 학생들에게 '세계 시민 교육'의 필요성을 이야기하면서 일국 단위의 시민운동이 어떤 한계가 있는지 설명한 다음 그런 한계를 돌파한 사례를 찾다가 툰베리를 알게 된 것이다.

툰베리는 스웨덴의 중학생으로 올해(2019) 열여섯 살이다. 애초 기후변화의 심각성을 알고 나서 어른들이 대책을 마련하고 실행에 옮기리라 기대했으나 어리석은 어른들에게 자신의 미래를 맡길 수 없다는 걸 금방 깨닫는다. 자신이 무엇을 해야 할지 생각한 끝에 그는 매주 금요일 학교 수업을 거부하고 스웨덴 의사당 앞에서 홀로, 기후 보호를 위한 시위를 시작했다.

시간이 흐르면서 처음에 툰베리의 제안을 거절했던 친구들이 하나둘 모여들기 시작하고 급기야 선생님까지 함께 피켓을 들더니 마침내 학교가 움직이기 시작했다. 학교 측은 학생에게 일어날 수업 결손을 보충하기 위해 다양한 방안을 강구하고 학생을 돕기 위한 위원회를 구성했다. 나는 정말 놀랐다. 학생이 수업을 거부하는 일에 선생이 참여하고 학교가 따르는 일은 여태 본 적도 들은 적도 없다.

처음 툰베리가 수업을 받지 않고 피켓을 들겠다고 했을 때 부모와 선생, 다른 어른들 모두 반대하면서 한 말은 이렇다. 지금은 열심히 공부하고 장래 뛰어난 기상과학자가 되어 기후 문제를 해결하라고. 하지만 툰베리는 그들의 말을 믿지 않았다. 과학자들은 이미 세상에 넘칠 정도로 많지만 문제는 점점 심각해지고 있지 않은가. 그리고 스스로 희생하지 않고 무슨 일을 할 수 있단 말인가. 어른들은 기후변화를 중지시키기 위해 무엇을 중단해야 하는지 이미 알고 있으면서도 실행에 옮기지 않고 있는 것이다. 이제 어른들은 자신들의 어리석음을 인정할 때가 되었다. 어른 말을 잘 들을 때가 아니라 아이의 말을 잘 들어야 하는 시대가 된 것이다.

칼 세이건은 『창백한 푸른 점』에서 보이저 1호가 61억 킬로미터 떨어진 곳에서 촬영한 지구 화상을 보고 멀리 떨어져서 보면 지구는 특별해 보이지 않는다고 이야기했다. "여러분이 사랑하는, 당신이 아는, 당신이 들어본, 그리고 세상에 존재했던 모든 사람이 바로 저 작은 점 위에서 일생을 살았습니다."

먼지 같은 작은 점, 그것이 지금 우리가 살고 있는 지구다. 그런 지구가 지금 위기에 처해 있다. 이 위기는 한 개인이나 한 국가가 해결할 수 없다. 인류 탄생 이래 처음으로 인류가 모든 차이와 경계를 넘어 실천해야 해결할 수 있는 문제에 맞닥뜨린 것이다. 만약 이 위기를 해결하지 못한다면 우리에게 더 이상 미래는 없을 것이다.

툰베리는 가진 게 없다. 가진 건 자신의 미래뿐이다. 그것은 툰베리의 미래일 뿐 아니라 인류의 미래이기도 하다. 어떻게 감히 그에게서 미래를 빼앗을 수 있겠는가. (2019. 10. 22. 《경인일보》)

우한과 우정

나는 2009년 여름에 중국 우한(武漢)에 다녀왔다. 당시 우한은 중국이 혼돈의 국가라는 인상을 남겼다. 고색창연한 고대의 유적과 현대식 마천루가 마주 보고 있었고 화려한 백화점을 이웃하여 오래된 전통 시장이 불을 밝히고 사람들을 끌어들이고 있었다. 한마디로 전통과 현대, 자본주의와 사회주의가 혼재하는 불가사의한 도시인데 또 한편 내가 아는 우한은 가장 오래된 우정을 간직한 고장이다. 백아와 종자기의 우정이 깃든 고금대(古琴臺)가 자리 잡고 있는 곳이기 때문이다.

백아와 종자기의 우정은 동아시아에서 벗에 관한 가장 오래된 이야기다. 백아는 거문고 연주자이자 작곡가였다. 말들조차 춤을 출 정도로 아름다운 연주를 들려주었지만 동시대의 사람들은 그의 음악을 이해하지 못했다. 그러던 어느 날 백아가 산속에서 홀로 거문고를 연주하고 있는데 지나가던 나무꾼 종자기가 연주를 듣게 되었다. 백아는 태산을 생각하면서 거문고를 타고 있었는데 종자기가 듣고는 "훌륭하구나, 거문고 연주여! 태산처럼 높고 높구나!"라고 했다. 잠시 뒤에 백아가 흐르는 강물을 생각하면서 거문고를 연주하자, 종자기가 또 말하길 "참으로 훌륭한 연주다. 넘실대는 것이 흐르는 물 같구나!"라고 했다. 백아는 비로소 자신의 음악을 알아듣는 벗을 만난 것이다.

종자기가 죽었을 때 백아는 자신의 거문고를 부수고 줄을 끊어버렸다. 이후로 죽을 때까지 다시는 거문고를 타지 않았는데 이를 백아절현(伯牙絶絃: 백아가 거문고 줄을 끊어버리다)이라고 한다. 백아는 이제 더 이상 자신의 거문고 연주를 들어줄 사람이 없다고 여긴 것이다. 여기까지가 『여씨춘추』에 전해져오는 이야기이고 우한의 고금대는 이 두 사람이 우정을 나눈 자취가 남아 있는 곳이다.

두 사람이 처음 만날 때 백아가 연주한 두 곡이 〈고산곡(高山曲)〉과 〈유수곡(流水曲)〉이다. 이후 이 음악은 수천 년 동안 동아시아인들의 우정을 대표하는 곡이 되었고 이로부터 마음에 꼭 맞는 벗을 가리키는 지음지우(知音之友: 내가 연주하는 음악을 알아듣는 친구)라는 말이 나왔다.

그런데 종자기가 죽으면서 두 사람의 우정은 끝났다고 여기겠지만 그렇지 않다. 그로부터 1000여 년 뒤 당나라에 유학한 신라의 최치원은 비 내리는 가을밤에 등불을 밝히고 두 사람의 우정을 그리워했고, 18세기 조선의 박지원과 이덕무는 만약 벗이 있다면 높은 산〔高山〕과 흐르는 물〔流水〕에 자신의 마음을 담겠노라 노래했으며, 김정희와 전기는 그림 속에 두 사람의 우정을 그려 넣었다. 백아와 종자기의 우정은 한 시대나 한 지역에 머물지 않고 2000년도 넘는 긴 시간을 넘어 이웃나라까지 전해진 것이다.

코로나19 바이러스가 발생하면서 두 사람의 우정이 깃든 유서 깊은 도시 우한이 중국 당국에 의해 봉쇄된 지 한 달이 지났다. 우한을 오가던 항공편이 끊어지고, 기차 또한 주요 역을 무정차 통과하고 있으며 우한 주변에는 검문소가 들어서 사람들의 출입을 막고 있다. 일상생활의 불편함을 넘어 바이러스에 감염된 환자들이 제때 치료받지 못하고 죽는 일까지 일어나면서 우한 시민들의 불안감은 극에 달하고 있다. 더욱이 감염을 우려하는 외부의 사람들에게 우한은 마치 바이러스의 온상처럼 여겨져 우한 사람을 혐오하는 현상마저 일어나고 있다.

감염을 두려워하는 것은 자연스러운 일이다. 하지만 내가 누군가로부터 감염될 수 있다고 인정하는 일은 나와 상대가 같은 존재라는 생물학적 자기고백이다. 그렇다면 감염된 사람들을 혐오하는 것은 다름 아닌 자기혐오다. 우한 시민들과 우한 밖의 사람들이 두려워하는 것은 서로 다르지 않다. 따라서 감염의 가능성은 혐오의 근거가 될 수 없다. 오히려 바이러스를 물리치기 위해서는 우리 모두 힘을 합쳐야만 한다는 사실을 일깨워줄 뿐이다. 우한이 안전해져야 우리가 사는 곳 또한 안전해지기 때문이다.

코로나19 바이러스는 인류가 이제껏 만난 적이 없는 새로운 감기 바이러스로 이에 대한 대처는 전 인류의 문제다. 생물 분류상 단일종인 인류의 특성상 한 사람에게 위험한 것은 곧 인류 전체에게도 위험하다. 지금 우리에게 필요한 것은 최선을 다해 굳게 싸우고 있는 이들을 우정으로 응원하는 일이다. 너를 살려야 나도 사는 것이니 얼마나 절박한 우정인가. (2020. 2. 25.《경인일보》)

모두의 생명은 소중하다

지난 5월 말 미국 미네소타주 미니애폴리스에서 백인 경찰관이 흑인 시민의 목을 무릎으로 눌러 살해하는 사건이 일어났다. 살해당한 조지 플로이드는 숨지기 직전 "숨을 쉴 수 없다"라는 말을 했고 이후 여러 차례 '엄마'를 불렀다. 삶의 마지막 순간에 어머니를 찾았던 것이다. 그를 살해한 경찰관은 그 말을 듣고도 "말을 할 수 있다면 괜찮은 건데?"라고 조롱하며 무릎에 실은 힘을 풀지 않았고 결국 플로이드의 숨은 끊어지고 말았다.

마지막 순간에 어머니를 부르는 사람을 살해하는 행위는 어머니 앞에서 자식을 죽이는 것만큼이나 잔인한 일이다. 인간으로서는 차마 저지를 수 없는 이 야만적인 살인 사건은 한 시민이 소셜미디어에 자신이 촬영한 동영상을 올려 공유하면서 세상에 알려졌다. 이후 미국뿐 아니라 전 세계적으로 인종차별에 반대하는 시위가 일어났다. 경찰관이 백인이었고 살해당한 시민이 흑인이었기에 "흑인의 생명은 소중하다〔Black lives matter〕"라는 구호가 자연스럽게 등장했다. 한국 사회에서도 많은 이들이 이에 공감하여 BLM(Black lives matter) 해시태그 운동에 동참했다.

그런데 인종차별 반대 시위가 확산되면서 이에 반대하는 움직임도 나타났다. 반대하는 이들은 "모두의 생명은 소중하다〔All lives matter〕"라는 구호를 외치며 인종차별 반대 시위에 맞섰다.

얼핏 "모두의 생명은 소중하다"라는 말은 아무 문제가 없을 뿐더러 오히려 "흑인의 생명은 소중하다"라는 말보다 더 나은 가치를 이야기하고 있는 것처럼 보인다. '모두의 생명' 안에는 당연히 '흑인의 생명'도 포함되기 때문이다. 하지만 말이란 발화된 상황과 떼어놓고 이해할 수 없는 것이다. 이를테면 "나이는 숫자에 불과하다"라는 말은 그 자체로는 어떤 혐오도 담고 있지 않지만 지하철 경로석에 붙여두면 경로 우대에 대한 조롱으로 읽힐 수 있다.

마찬가지로 "모두의 생명은 소중하다"라는 말 자체는 어떤 혐오도 담고 있지 않지만 이 말을 "흑인의 생명은 소중하다"라고 주장하는 사람들을 향해 내뱉을 경우에는 조롱과 경멸의 표현이 된다. 소중하게 여겨야 마땅한 '모두의 생명' 속에 흑인의 생명은 포함시켜 생각해본 적이 없는 자들이나 할 수 있는 염치 없는 말이다.

말은 누구를 향해 하느냐가 중요하다. "흑인의 생명은 소중하다"라는 말은 그냥 나온 것이 아니라 흑인의 생명이 존중받지 못하는 현실과 흑인이 잔인하게 살해당한 구체적 사건에서 발화되었으며, 백인의 생명은 소중히 여기면서 흑인의 생명은 동등하게 취급하지 않는 이들을 향해 절규하듯 외치는 말이다. 따라서 이 말은 이미 흑인의 생명이 소중하다고 생각하는 사람을 향해 외치는 말이 아니며 그럴 필요도 없다.

BLM 운동이 전 세계로 확산되는 가운데 지난 6월 14일 영국에서는 뜻밖의 일이 일어났다. 런던의 트래펄가광장에서 인종 차별에 항의하는 시위대와 이에 반대하는 극우파 시위대가 충돌했는데, 이 과정에서 흑인 시위대에게 맞아 피 흘리던 한 극우파 백인 시위자를 흑인 시위자가 도와서 피신시킨 것이다. 아마도 빅토르 위고의 『레 미제라블』에서 자신을 쫓던 악랄한 경찰관 자베르의 생명을 구해준 장발장의 모습이 저랬을까 싶다. 장 자크 루소는 『에밀』에서 이렇게 말했다.

당신의 학생이 모든 사람들을, 심지어 인간을 경멸하는 사람들까지도 사랑하도록 가르치라. 그래서 그가 어떠한 계급에도 속하지 않으면서 동시에 모든 계급에 속하도록 만들라. 학생 앞에서는 연민과 동정심을 가지고 인류에 대해 말하며, 결코 경멸을 담지 마라. 인간이여, 결코 인간을 모욕하지 마라.*

말은 누가 하느냐도 중요하다. "모두의 생명은 소중하다"라는 말은 자신을 경멸하는 사람을 구한 트래펄가광장의 흑인이 외칠 때 진리일 수 있다. 오직 그만이 모든 사람을 향해 "모두의 생명은 소중하다"라고 말할 자격이 있다. (2020. 6. 30.《경인일보》)

* 장 자크 루소, 『에밀』, 김중현 옮김, 한길사, 2003.

더 나은 세상

대학생인 딸의 책장에는 페미니즘 책이 가득 꽂혀 있다. 그중에는 내가 읽다 준 것도 있지만 대부분 스스로 구입한 것들이다. 자세히 알지는 못하지만 딸의 동아리나 인터넷 커뮤니티 활동도 대부분 페미니즘과 관련이 있는 듯하다.

딸은 평소 자신의 의견을 이야기할 때 조금도 물러섬이 없기에 페미니즘 관련 이슈가 터질 때마다 종종 나와 부딪친다. 언젠가 내게 이십대 여성의 처지는 오십대 남성이 이해할 수 있는 게 아니라는 말을 한 적도 있다. 그땐 섭섭한 마음이 없지 않았지만 맞는 말 아닌가.

아내는 오늘도 종일 박원순 시장 빈소를 지키다가 돌아왔다. 식구들과 늦은 저녁을 함께하면서 이번 일과 관련된 이런저런 이야기를 나누는데 딸은 요 며칠만은 여느 때와 달리 이의를 제기하거나 토를 달지 않고 가만히 듣기만 한다. 아마도 우리의 입장을 존중하기 위해 하고 싶은 말을 아끼는 것이리라.

나도 아내도 딸의 생각이 우리와는 결이 많이 다르다는 걸 알고 있다. 그래도 나는 딸이 우리와 같은 생각을 가지길 바라지 않는다. 내 부모가 나를 설득하지 못했듯 나 또한 딸을 설득하지 못한다는 사실을 잘 알고 있어서이지만 그보다 앞으로 딸이 살아갈 세상은 우리가 살아온 세상과는 크게 다를 것이기 때문이다.

아침에 술 마시며 놀던 사람이 저녁이 되면 자리를 파하는 것처럼 세월은 도도히 흘러가고 우리 세대는 얼마 안 가 퇴장할 것이다. 그러니 딸이 살아갈 세상은 딸이 만들어가야 한다. 나는 다만 그 세상이 지금보다 더 낫기를 바랄 뿐이다. (2020. 7. 12.)

4부 ─────────────── 어떻게 살아야 하지?

어떻게 살아야 하지?

바야흐로 20세기가 끝나가던 1999년 12월의 어느 날, 시인은 친구로부터 한 통의 편지를 받고 이내 슬픔에 빠졌다. 그 편지에는 어떻게 살아야 할지 묻는 내용이 적혀 있었고, 이는 바로 시인이 던지려 했던 질문이었기 때문이다.

20세기의 마지막 문턱에서*

우리의 20세기는 이전의 다른 세기들보다
훨씬 더 발전할 예정이었다.
그러나 그 사실을 입증할 기회를 놓치고 말았다.
모든 연도에 일련번호가 매겨졌다.

---

* 비스와바 쉼보르스카, 『끝과 시작』, 최성은 옮김, 문학과지성사, 2007.

흔들리는 걸음걸이,

숨 가쁜 호흡.

일어나지 않았어야 할 일들이

이미 너무도 많이 일어났다.

또한 기대했던 수많은 일들이

발생하지 않았다.

무엇보다도 우리의 20세기는 행복을 향해서,

따뜻한 봄을 향해서 전진할 예정이었다.

공포는 골짜기 너머, 산 너머,

멀리멀리 내동댕이칠 예정이었다.

진실은 거짓보다 한발 앞서

목표 지점에 도달할 예정이었다.

(……)

희망,

그것은 더 이상 저 풋풋한 어린 소녀도,

그와 비슷한 그 무엇도 아니라니, 애석하구나.

바야흐로 신(神)은 수긍할 예정이었다.

인간이 선하면서, 동시에 강인할 수 있다는 사실을.

그러나 선함과 강함은 여전히 공존하지 못한다.

선한 인간은 강하지 못하고, 강한 인간은 선하지 않다.

"어떻게 살아야 할까요?" 누군가 내게 편지로 물었다.

이것은 내가 바로 그 사람에게 묻고 싶었던

질문이었다.

또다시, 늘 그래왔던 것처럼,

앞에서 언급했듯이,

순진하기 짝이 없는 질문들보다

더 절박한 질문들은 없다.

　며칠 전 어느 시민단체로부터 시인의 저 질문과 같은 주제로 강연을 해달라는 요청을 받았다. 나는 놀랄 수밖에 없었다. 왜냐하면 이런 질문은 아직 모든 가능성이 열려 있는 대학 신입생에게나 던질 수 있는 순진한 물음이라 생각했기 때문이다.

'어떻게 살아야 하는가'처럼 큰 물음들은 거개가 대답 없는 질문이기 십상이다. 이 물음에 답하려면 먼저 '왜 살아야 하는가'라는 물음에 답해야 할 테고 그걸 알려면 '우리가 왜 태어났는지', '우리 삶에 어떤 의미가 있는지' 알아야 할 것이다. 하지만 우리 능력으로는 답할 수 없는 문제다.

도토리는 도토리나무가 되기 위해 태어났다지만 우리는 무엇이 되기 위해 태어난 것이 아니고 원해서 태어난 것도 아니다. 아무 의미 없이 우연히 세상에 던져진 존재로 처음도 끝도 모른 채 태어난 순간부터 죽음을 향해 달려가는 것이 우리의 삶이다. 그러니 누가 '왜?'라는 질문에 선뜻 답하지 못한다고 해도 탓할 수 없으리라.

그래도 '어떻게 살아야 하는가'는 미래를 향해 열려 있는 물음이라는 점에서 '왜 살아야 하는가'라는 질문과는 다르다. 어쩌면 '어떻게?'라는 질문은 '왜?'라는 닫힌 물음에 답할 수 있는 유일한 열쇠일지 모른다.

하지만 지난 세기 기형도가 중얼거렸던 것처럼, 희망은 여전히 무책임한 탄식들과 함께 길 위에서 비틀거리고 있고, 일어나지 않아야 할 일들은 계속 일어나고 있다. 그러니 지금 내가 이 질문에 답하기는 '왜?'라는 질문에 답하는 것만큼이나 쉽지 않아 보인다.

그래서 나는 나의 희망인 학생들에게 저 질문을 던져보았다. 그리고 지금은 세상에 없는 시인에게 편지를 썼다.

시인에게

2017년 한 해가 막 저물어갑니다.

당신이 우리에게 '그리움'이라는 단어를 남기고 떠난 지 다섯 해가 흘렀습니다.

올 한 해 이곳에서는 여러 일이 일어났지만 제게는 학생들과 함께 당신의 시를 읽은 것이 가장 큰 기쁨이었습니다. 학기가 끝날 때마다 당신의 시를 읽으며 수업을 마무리했고, 학생들의 글에는 당신의 이름이 가장 많이 보였습니다.

저는 마지막 시험에서 당신이 던진 저 순진하고 절박한 물음에 답하라는 글을 쓰게 했습니다. 학생들의 글을 읽은 저는 놀랐습니다. 많은 학생들이 당신의 물음을 절망의 탄식이 아니라 간절한 희망으로 읽었기 때문입니다.

언젠가 당신이 「베르메르」에서 "하루 또 하루 우유를 따르는 한/세상은 종말을 맞을 자격이 없다"라고 이야기한 것처럼 우리가 당신이 남긴 저 물음에 답하려고 애쓰는 한, 이 세상은 아직 희망을 놓쳐도 될 자격이 없을 것입니다. (2017. 12. 31.)

빵과 물, 시인과 도둑

얼마 전 서울의 한 초등학교에서 인질극이 일어났다. 많은 이들이 가슴을 졸였는데 다행스럽게도 인질로 잡혔던 아이는 무사히 풀려났고 용의자도 검거됐다. 이 과정에서 경찰관의 현명한 대응이 눈길을 끌었다. 사건을 보도한 기사를 읽어보았더니 경찰관은 용의자와 이야기를 나누면서 빵과 물을 건넸다. 이어서 용의자더러 아이에게도 빵과 물을 나누어 주라고 권유한 다음 틈을 노려 검거에 성공했다고 한다.

인질극이 일어났다는 소식을 처음 들었을 때 나는 아이가 안전하게 가족의 품에 돌아가기만을 빌었다. 그런데 아이뿐 아니라 용의자 또한 무사하다는 소식을 듣고, 안도감 때문이었을까, 나에게는 경찰이 건넸다는 빵과 물이 단순한 먹을거리가 아니라 무슨 숭고한 물건처럼 여겨졌다. 그 빵과 물이 인질극이라는 흉악한 범죄를 저지른 자에게도, 인질로 잡힌 아이에게도 꼭 건

네야 할 신성한 무엇으로 여겨졌기 때문이다. 그러니 예사 물건이 아니다. 용의자는 주림과 갈증을 해소하는 빵과 물을 건네받고, 또 아이에게도 건네면서 순간이나마 마음이 느슨해졌을 것이다. 아이도 긴장과 공포와 갈증에서 잠깐 놓여나 한숨 돌리게되었을 테니, 팽팽했던 시간 사이에 생긴 그러한 틈새가 극적인해결을 가져왔으리라.

그러다가 만약 용의자가 범죄를 저지르기 전에 누군가 빵과물을 건넸다면 인질극이 아예 일어나지 않았을지 모른다는 데생각이 미쳤다. 현실이 아닌 허구이지만, 빅토르 위고의 소설『레 미제라블』의 주인공 장발장에게 누군가 빵과 물을 건넸다면 어땠을까. 그가 빵을 훔쳐 감옥에 갈 일도 안 일어나지 않았을까.

며칠 후 시간이 흐르면서 사건이 내 머릿속에서 잊힐 무렵 마침 50주기를 맞이하여 민음사에서 새로 출판된 『김수영 전집』을 펼쳤다가 저 일을 다시 떠올리게 되었다. 김수영의 산문 「양계 변명」을 읽었기 때문이다.

성북동에서 마포 서강 강변으로 이사해 살던 김수영은 생활고를 줄여볼 요량으로 닭을 키우고 있었는데 어느 날 도둑이 들었다. 가난한 시인의 집에 도둑이 들었다는 것 자체가 놀라운일이지만 내가 더 놀랐던 것은 시인과 도둑의 첫 대화가 존댓말로 시작되었다는 점이다.

"이거 보세요, 이런 야밤에……"

대화의 첫 마디에 따라 이후의 상황이 얼마나 크게 달라지는가. 굳이 말할 필요가 없으리라. 도둑 또한 존댓말로 "백번 죽여주십쇼, 잘못했습니다!" 하고 용서를 빌었다. 이어서 시인은 도둑에게 집이 어딘지 물었고 도둑은 우이동이라 답했다. 우이동 사는 사람이 왜 이리로 왔느냐고 물으니 도둑은 자신도 이유는 모르겠다며 혹시 여기서 잘 수 없는지 되물어왔다. 시인은 그가 취한 척하고 있다고 생각하고 "여보, 술 취한 척하지 말고 어서 가시오" 했더니 도둑은 두서너 걸음 걸어 나가다가 뒤를 돌아보며 "어디로 나가는 겁니까?" 하고 물었다고 한다.

기막히게도 철조망을 넘어온 도둑이 어디로 나가야 하느냐고 물은 것이다. 시인은 도둑의 이 마지막 물음이 끝내 잊히지 않고 귀에 선하다고 했다. 도둑의 말을 단순히 문이 어디에 있느냐는 물음으로 이해하지 않고 어떻게 살아야 하느냐는 의미가 담긴 물음으로 받아들였기 때문이다. 철조망을 넘어온 도둑이 다시 철조망을 넘는다면 그뿐이지만, 나가는 문을 물어 그리로 나간다면 적어도 다시 도둑질을 하러 가진 않을 터이다. 그렇다면 어디로 가야 하는가. 어디로 가야 살아나갈 길이 있을까.

결국 시인은 자신이 닭을 키우는 것도 도둑이 철조망을 넘어

온 이유와 다르지 않다며 자신과 도둑의 처지를 바꾸어 말하기에 이른다. 이어 스스로 도둑이 되어 이렇게 말한다.

백번 죽여주십쇼, 백번 죽여주십쇼, 어디로 나가는 겁니까? 어디로 나가는 겁니까?

김수영의 짧은 글 「양계 변명」은 이렇게 갈 곳 없는 자, 어떻게 살아야 할지 알지 못하는 자의 물음으로 끝난다. 이 물음에 어떻게 답할 것인가. 사람마다 다를 테지만 나에게는 시인이 맞닥뜨린 도둑과 이번 사건의 용의자가 왠지 겹쳐 보였다. 어디로 나가느냐고 묻는 도둑이 더 이상 도둑일 수 없는 것처럼, 인질에게 빵과 물을 건네는 인질범은 더 이상 인질범으로만 보이지 않았다. (2018. 4. 9.《경인일보》)

잃어버린 '나'에 관하여

여수로 가는 기차 안이다. 오후 2시부터 여수시립도서관에서 강의를 하게 돼 있다. 기차가 순천 부근을 지나고 있다. 지금까지의 내 삶을 통틀어 처음 만나게 되는 분들에게 딱 한 번 건넬 인사말을 생각해본다.

"여러분 반갑습니다. 반가울 수밖에 없는 것이, 저와 여러분의 이 만남은 우주 탄생 이래 처음 있는 사건이기 때문입니다. 우주가 탄생할 확률이 얼마나 될까요? 아마 영(0)에 가까울 겁니다. 그럼 생명이 탄생할 확률은요? 역시 영에 가깝습니다. 또 생명체 중에서 인류로 태어날 가능성 또한 높지 않습니다. 게다가 억겁의 시간 속에서 같은 시대, 같은 공간에 태어난 것이야말로 기적에 가깝습니다. 바란다고 이루어지는 일이 아니니까요. 그러니 이 만남은 확률로 보아도 참으로 엄청난 어려움을 뚫고 이루어진 사건입니다.

더 놀라운 것은 이 모두가 우연이라는 사실입니다. 우리의 삶은 이 자체가 선물입니다. 우리가 노력한 결과가 아니지 않습니까? 그러니 우연보다 경이로운 일은 없다고 하겠습니다.

그럼에도 이 모든 것을 우연으로 돌릴 수만은 없습니다. 우리가 같은 시대 같은 공간에 살고 있다 하더라도 여러분이 제 이야기를 듣기 위해 귀한 시간을 내지 않았다면, 그리고 제가 이곳에 오지 않았다면 이 모든 우연은 일어날 수 없었겠지요. 그러니 여러분과 제가 만나게 된 것은 우연과 필연이 모두 도운 그야말로 어마어마한 결과라고 해야겠습니다. 그런 점에서 다시 한 번 반갑다는 인사를 드립니다.

오늘 제가 드릴 말씀은 '나'에 관한 이야기입니다. '나'는 잃어버리기 쉬운 존재입니다. 이상하지요? 나라는 존재는 나에게 꼭 붙어 있어서 누가 훔쳐 갈 수 있는 물건도 아닌데 잃어버리다니요? 하지만 세상에서 가장 지키기 어려운 것이 나입니다. 옛사람들은 그걸 알고 나를 지켜야 한다는 뜻에서 '수기(守己)'라는 말을 썼습니다.

평범한 사람들뿐만 아니라 다산 정약용 같은 대학자도 자신을 잃어버린 적이 있습니다. 그래서 유배지에서 잃어버린 '나'를 찾기 위해 쓴 글이 「수오재기(守吾齋記)」입니다. 정약용은 스스로 '나'를 잃어버렸다는 사실을 깨달았던 거죠.

하지만 보통 사람들은 나를 잃어버리고도 잃어버린 줄 모릅니다. 그래서 맹자는 '사람들은 닭이나 개를 잃어버리면 찾을 줄 알면서도 자신을 잃어버리고는 찾을 줄 모르니 슬픈 일이다'라고 탄식했습니다.

우리와 같은 시대를 살았던 애플 사 창업자 스티브 잡스 같은 이도 '다른 사람의 인생을 사느라 삶을 낭비하지 마라'는 말을 남겼지요. 아마도 잡스 역시 자신을 잃어버렸음을 깨달은 모양입니다. 스티브 잡스는 죽기 얼마 전에 비로소 이 사실을 깨달았지만 우리가 좀 더 일찍 깨달을 수 있다면 잃어버린 나를 찾을 수 있지 않을까요?"(2017. 8. 29.)

꼬리 그을린 거문고

중국 삼국시대의 유학자 채옹(蔡邕)은 음률에 밝았다.

어느 겨울날 그가 강남(江南)의 한 여관에 투숙했을 때의 일이다. 여관 주인이 방을 덥히기 위해 아궁이에 불을 때고 있었는데…….

채옹은 잠결에 타다닥거리는 나무 타는 소리를 듣고 벌떡 일어났다. 나무 타는 소리가 심상치 않았다. 그는 잠옷 차림으로 주인이 있는 곳으로 달려가 아궁이에서 막 타오르기 시작하던 커다란 나무 둥치를 꺼냈다.

채옹이 이 나무로 거문고를 만들어 연주했더니 지금까지 들어보지 못한 아름다운 소리가 울려 퍼졌다. 채옹은 크게 기뻐했다. 하지만 거문고에는 옥에 티라 할 흠이 있었다. 한쪽 끝에 불에 탄 자국이 남아 있었다. 채옹은 못내 아쉬웠지만 그 부분을 깎아내면 틀림없이 아름다운 소리를 내지 못할 터라 그대로 둘

수밖에 없었다.

더러 사람들이 거문고의 흠을 지적하며 좋은 물건이 아니라고 이야기하면 채옹은 이렇게 말했다.

"이 거문고의 이름은 초미금(焦尾琴), 그러니까 꼬리 그을린 거문고라는 뜻이지. 이 거문고의 소리가 아름다운 이유는 바로 이 흠이 있어서라네."

채옹은 거문고의 결함을 인정하고 받아들임으로써 비로소 아름다운 거문고를 얻을 수 있었던 것이다.

어찌 거문고뿐이겠는가. 사람 또한 그러하다. 자신의 결함이나 상처를 숨길 것이 아니라 인정하고 받아들일 때 비로소 아름다운 인격에 가까워질 수 있는 법이다. (2018. 8. 31.)

데죄 란키와 에픽테토스

데죄 란키가 한국에 왔다. 그는 안드라스 쉬프와 함께 헝가리를 대표하는 피아니스트이다. 어제는 서울시향과 함께 프란츠 리스트의 피아노 협주곡 1번을 연주했다. 연주는 훌륭했고 나는 "브라보!"를 다섯 번이나 외쳤다.

리스트의 1번 협주곡은 연주자에게 극도의 긴장을 요구하는 도도한 작품이지만 란키는 마치 아련한 추억이라도 떠올리는 듯 시종 두 눈을 지그시 감고 청중을 새로운 리스트의 세계로 이끌었다.

수많은 피아니스트 중에서 내가 그에게 특별한 관심을 보인 까닭은 따로 있다. 란키가 인터뷰에서 지금까지 들었던 최고의 충고가 무엇이었느냐는 질문에 철학자 에픽테토스의 말을 인용했기 때문이다.

"행복의 비결은 자신의 힘 안에 있지 않은 것을 억지로 바꾸려고 애쓰지 않는 데 있다."

평범할 뿐 아니라 무기력하게 들리지만 이 말을 한 이는 바로 고대 로마의 노예 철학자 에픽테토스다. 신분제 사회에서 가장 천대받았던 노예가 '행복의 비결'을 이야기한 것이다. 에픽테토스는 노예로 살면서도 웃음을 잃는 일이 없어서 아무리 힘든 일이 닥쳐도 결코 화를 내지 않았다. 신분이 낮은 사람이 고매한 성품을 지니고 있으면 시험받게 마련. 한번은 주인이 일부러 화를 내게 하려고 그에게 몽둥이질을 했다. 그러자 그는 두들겨 맞으면서 이렇게 말한다. "주인님, 한 번 더 때리면 다리가 부러질 겁니다." 그래도 주인은 아랑곳하지 않고 그의 다리를 내리쳤고 결국 다리가 부러졌다. 그는 이렇게 말했다.

"제가 말씀드린 대로 다리가 부러졌습니다."

나는 흔하디흔한 긍정 심리학 따위를 이야기하려는 것이 아니다. 억압받는 처지에 놓인 사람만이 볼 수 있는 삶의 진실에 관해 이야기하고 있는 것이다. 에픽테토스는 이렇게 이야기한다.

"어떤 일은 우리 마음대로 할 수 있지만, 어떤 일은 우리 마음대로 할 수 없다."

1부 연주가 끝나고 쉬는 시간에 뜻밖의 일이 일어났다. 어떤 외국인이 내 자리를 지나 서너 칸 옆에 앉았다. 어디서 많이 본 사람이다 싶어 쳐다봤더니 바로 란키가 아닌가! 눈을 지그시 감고 고개를 살짝 쳐든 모습이 연주할 때와 다름없었다. 마음대로 할 수 없는 어떤 일이 눈앞에서 일어난 것이다. 나는 속으로 "브라보!"를 외쳤다.

어제는 란키와 나란히 앉아 슈만의 교향곡 2번을 들은 날이다. 밖에는 눈이 내리고 있었다. (2017. 1. 22.)

돈으로 살 수 없는 것

내가 한창 골목 사진을 찍으며 돌아다니던 시절 이야기다. 2009년 어느 가을날에 나는 카메라를 챙긴 다음 사진을 좋아하는 친구와 함께 서울의 후암동 골목길을 찾았다.

용산고등학교를 지나 남산으로 통하는 소월길에 이르기까지 꼬불꼬불 이어지는 후암동 골목길은 갈래가 꽤나 복잡해서 다 돌아보는 데 반나절 가까이 걸린다. 그날은 빛이 좋아 시간 가는 줄 모르고 여러 차례 골목길을 오르내리면서 마음에 드는 컷을 많이 건졌다.

부지런히 돌아다니던 우리는 커피를 마시고 싶었지만 골목길에는 커피숍이 보이지 않았다. 그러다 소월길 못 미처 용산초등학교 언저리에서 작은 구멍가게를 찾았다. 우리는 전에 다른 데서 그랬던 것처럼 믹스커피를 타달라고 해서 마실 요량으로 구멍가게로 들어갔다.

안에는 여든이 훨씬 넘어 보이는 할머니가 혼자 가게를 지키고 있었다. 믹스커피를 타주실 수 있겠느냐고 여쭙자 할머니는 가만히 고개를 끄덕이고는 주전자를 꺼내 불에 올렸다.

가게는 아주 작았다. 둘러보니 진열된 물건들도 유행 지난 과자가 대부분이었고 양도 많지 않았다. 가게 입구에 설치된 평상에는 커다란 호박이 하나 덩그러니 놓여 있었고 가게로 이어지는 좁다란 길은 아스팔트로 포장되어 있었지만 울퉁불퉁 파손된 곳이 많았다.

이윽고 주전자 물이 끓기 시작했고, 잠시 후 우리는 할머니가 타주신 커피를 마실 수 있었다. 많이 걸었던 터라 그런지 커피가 유난히 맛있었다. 천천히 커피를 다 마신 뒤 우리는 할머니에게 얼마를 드려야 할지 여쭈었다.

그런데 할머니는 고개를 절래절래 흔들면서 돈을 받지 않겠다고 하셨다. 놀란 우리는 그러시면 안 된다고 말하며 돈을 꺼내 드리려고 했으나 할머니는 손사래를 치면서 돈을 절대 받을 수 없으니 그냥 가라고 하셨다.

할머니 말씀은 커피믹스를 따로 팔 수는 있어도 손님에게 커피를 타주고서 돈을 받을 수는 없다는 것이다. 그러고는 "우리는 그렇게 살아오지 않았어"라고 하셨다.

우리는 할 수 없이 건강하시라고 인사드리고 가게를 그냥 나와야 했다. 이후 나는 커피를 마실 때면 종종 까닭 모를 감동과 함께 그 할머니의 말씀을 떠올렸다. 커피를 따로 팔 수는 있지만 손님에게 커피를 타주면서 돈을 받을 수 없다는 말씀을 어떻게 이해해야 할까?

물건이든 서비스든 돈으로 못 살 것은 없어 보이는 지금 세상에서는 사람과 사람의 만남 또한 대개 거래의 다른 이름이기 십상이다. 거래에서는 손님과 주인이라는 인간관계는 사라지고 소비자와 판매자라는 무미건조한 관계만 남는다. 소비자는 누가 만들었는지 모르는 물건을 사고 판매자 또한 물건을 사는 사람이 누구인지 모르고 관심도 없다. 물건을 만드는 사람도 물건을 사용할 사람이 누구인지 생각할 필요 없이 그저 가격에 맞춰 상품을 만들기만 하면 된다.

애덤 스미스가 말한 것처럼 우리가 맛있는 빵을 원한다면 빵집 주인의 자비심에 기대할 것이 아니라 이기심에 호소하는 것이 더 낫다. 이미 그런 세상이다. 이기심을 충족시키는 방법은 무엇으로든 교환할 수 있는 돈을 지불하는 것이다. 이것이 이미 오래전에 뿌리 내린 자유시장의 거래 원칙이다. 물건만이 아니다. 돈의 힘은 더없이 편리하고 강력해서 돈을 지불할 준비가 되어 있는 한 우리는 어디서나 한껏 친절한 응대를 살 수 있다.

하지만 그날 나는 커피를 타주는 할머니의 환대를 돈으로 살 수 없었다. 진심 어린 친절이기에 거래할 수 없는 가치를 지닌 것이기 때문이다. 마르크스의 말처럼 사랑은 사랑으로만 교환할 수 있고 우정은 우정으로만 교환할 수 있다. 나는 비로소 까닭 모를 감동이 밀려온 것은 돈으로 환산할 수 없는 환대를 받았기 때문이라는 사실을 깨달았다.

얼마 전 일이 있어 후암동에 들렀다가 할머니 가게를 찾았지만 이미 그곳에는 아파트가 들어섰고 가게가 있던 골목은 흔적조차 보이지 않았다. 집으로 가려고 그곳을 떠나 지하철역에 이를 때까지 내 귀에는 계속 할머니의 목소리가 맴돌았다.

"우리는 그렇게 살아오지 않았어." (2017. 10. 9.《경인일보》)

백양사 가는 길

오래전 한창 한문을 배우던 시절, 나는 1분 1초를 아끼며 공부에 매진했다. 오죽하면 잠꼬대를 한문으로 한다며 아내로부터 핀잔 아닌 핀잔까지 들었겠는가. 그렇게 한문 공부에 여념이 없던 어느 겨울, 나는 머리를 식히고자 장성에 있는 백양사로 향했다.

아침 일찍 기차를 타고 장성에 도착한 뒤 백양사행 버스를 탔다. 나이 지긋한 운전기사에게 백양사까지 얼마나 걸리느냐고 물었더니 버스 기사 왈,

"금방 가."

예정된 시간보다 20분 늦게 출발한 버스는 읍내를 벗어나더니 포장도로가 아닌 꼬불꼬불한 산길을 터덜터덜 소리를 내며 달리기 시작했다. 바퀴가 돌부리에라도 걸리는지 자주 덜컹거리며 차체가 흔들거리곤 했다. 그렇게 한 시간쯤 달렸는데도 도

착할 기미가 보이지 않았다. 궁금해진 나는 옆자리에 앉아 있는 시골 노인에게 백양사까지 얼마나 남았는지 물었다. 할아버지 왈,

"다 왔어!"

그런가 보다 했는데 막상 백양사에 도착한 것은 그로부터 한 시간도 더 지나서였다. 그때 나는 시골 사람들의 시간관념이란 도무지 믿을 게 못 된다고 생각했다. 두 시간 넘게 걸리는 거리를 금방이라 하고, 한 시간이 더 남았는데 다 왔다고 하니 실제와 달라도 너무 다르지 않은가 말이다. 그래 나는 시골 사람들의 엉터리 시간관념에 속아 시간을 허비하기라도 한 것처럼 억울한 심정이 들었다.

백양사 입구에 도착한 나는 죽 늘어서 있는 식당 중 한 곳에 들어가 산채비빔밥을 주문하고 음식이 나오기를 기다리며 바깥을 내다보았다. 때마침 눈이 내리기 시작했지만 배가 고팠던 나는 음식이 빨리 나오지 않아 답답한 나머지 물만 벌컥벌컥 들이켰다.

이윽고 비빔밥이 나왔다. 음식을 내오던 초로의 아주머니가 연신 물을 들이켜던 내 모습을 보았는지 이렇게 말했다.

"젊은 양반, 천천히 드시게."

그 말에 퍼뜩 정신이 들더니 비로소 주변이 보이기 시작했다.

단풍철이 지난 식당과 거리는 모두 한산해서 마치 세상이 정지한 것 같았는데, 그런 풍경이 그제야 비로소 편안하게 느껴졌다. 창밖을 내다보니 멀리 백양사가 자리하고 있을 법한 산자락이 그새 굵어진 눈발 사이로 흐릿하게 보였다.

식탁 위에는 따뜻한 밥이 담긴 큼직한 그릇과 열 종류가 넘는 산나물이 접시에 담겨 가지런히 놓여 있었다. 나는 느린 동작으로 나물과 양념이 골고루 섞일 때까지 밥을 비볐다. 그리고 한 입 한 입 '천천히' 먹기 시작했다. 밥알이 씹히자 혀끝에서 전율이 느껴졌다. 어떤 형용사로도 표현할 수 없는, 마치 비빔밥에 영혼이라도 담겨 있는 듯 난생처음 먹어보는 맛이었다. 그전까지 비빔밥은 내게 그렇게 맛있는 음식이 아니었다. 그 까닭은 비빔밥 잘못이 아니라 내가 비빔밥을 잘 못 먹어서였다. 제아무리 맛있는 음식이라도 허겁지겁 먹는다면 무슨 맛을 느낄 수 있겠는가. 급히 먹지 말라는 것은 꼭 체하기 때문만이 아니다.

나는 비빔밥을 천천히 먹으며 버스를 타고 오면서 느꼈던 답답함의 원인이 어디에 있었는지도 알게 되었다. 그곳 사람들이 금방이라고 여기는 거리와 시간을 내가 멀고 길다고 여긴 까닭은 내 안의 시계가 너무 빨리 움직인 데 있었던 것이다. 엉터리는 그들이 아니라 나였다. 아침 해를 일찍 보기 위해 나무 위에 오르는 어리석은 바보가 바로 나였던 게다. 이후 나는 내 안의 시계를 조정했다. 금방은 두 시간이고, 한 시간 남았으면 다 온 것이다.

　나는 백양사 가는 길에 시간 맞추는 법과 비빔밥 먹는 법을 배웠다. 그리고 공부하는 법과 살아가는 법도 함께 배웠다. 비빔밥처럼 공부와 삶에도 맛이란 게 있다면 모름지기 '천천히' 해야 누릴 수 있는 것이다. (2020. 12. 15.《경인일보》)

베토벤의 유서

1802년 4월 말경 베토벤은 빈 인근 다뉴브 강변의 하일리겐슈타트에서 반년가량의 휴가를 보낸다. 휴식을 취하기에 충분할 만큼 상당히 긴 시간이지만 그는 오히려 삶을 더 이상 지탱할 수 없을 정도로 커다란 고통에 시달렸다. 6년 전부터 귀가 잘 들리지 않았고, 이 시기에 이르러 치료의 가망이 완전히 사라졌기 때문이다. 그는 마침내 자살을 결심하고 유서를 쓰기에 이르렀다. 다름 아닌 그가 죽은 뒤 발견된 '하일리겐슈타트의 유서'다. 그런데 비탄에 사로잡혀 썼을 유서에는 놀랍게도 이런 내용이 쓰여 있다.

　　신성한 존재여, 당신은 나의 내면에 있는 영혼을 보시지요. 당신은 그 속에 있는 인류에 대한 사랑과 선해지려는 욕구를 알고 계시지요. (……) 아아, 동료 인간들이여, 저는 천성으로 타고

난 한계가 수없이 많지만 그래도 힘이 닿는 한 인간들 사이에 받아들여지기 위해 최선을 다했던 사람이었습니다. (……) 너 카를, 네 아이들에게 덕성을 권장해라. 그들을 행복하게 해줄 수 있는 것은 돈이 아니라 그것뿐이다. 그리고 서로 사랑하라.*

앞의 두 대목이 신과 인류에게 보내는 메시지라면 셋째는 동생 카를에게 남기는 말인데 한결같이 덕성과 인격을 강조하고 있다. 죽음을 결심한 베토벤에게 가장 중요한 가치는 덕성과 인격이었던 것이다.

나는 본래 덕성이나 인격은 철학자들을 평가할 때나 요구되고 예술가를 평가할 때는 적용할 필요가 없다고 생각했다. 하지만 이 대목을 읽고 나서 생각을 바꾸었다. 베토벤처럼 천재적인 재능을 타고난 이도 인격으로 인정받고 싶어 한 바에야 다른 사람들은 말할 것도 없지 않은가.

결국 사람은 누구나 인격으로 인정받을 때 행복할 수 있다. 아무리 재능이 뛰어나고 권력과 부를 쌓아도 훌륭한 인격으로 인정받지 못하면 불행한 삶이다. 훌륭한 덕성에 대한 갈망은 식욕이나 성욕 못지않게 모든 인간이 가지고 있는 보편적 욕구임

* 메이너드 솔로몬, 『루트비히 판 베토벤』 2, 김병화 옮김, 한길아트, 2006.

을 나는 비로소 깨달았다. 죽기 전에 알았으니 이 얼마나 큰 행

운인가. (2016. 1. 3.)

정언명령과 군인

목숨이 왔다 갔다 하는 전쟁터에서 작전을 수행하는 군인의 윤리 수준은 어느 정도일까? 더욱이 그들이 적의 지도자를 암살하기 위해 적지에 침투한 특수부대라면? 그들의 윤리 수준은 일반인보다 낮을 뿐 아니라 거의 바닥일 것이라고 짐작하기 쉽지만 그렇지 않다.

2005년 아프가니스탄에서 미 해군 특수부대 실(SEAL) 소속의 네 명은 탈레반 지도자를 암살하는 작전을 수행하기 위해 침투했다가 세 명의 염소 치는 사람에게 발각된다. 특수부대원들은 이들을 사로잡았지만 문제는 그다음부터였다. 풀어주면 그들의 신고로 탈레반이 침입자의 존재를 알아챌 수 있기 때문이다. 어떻게 할지를 두고 논쟁하던 부대원들은 투표를 통해 이들을 풀어주기로 결정한다.

염소 치는 사람들을 풀어주고 한 시간쯤 뒤 탈레반이 특수부대원들을 공격했고 결국 마커스 러트렐을 제외한 세 명이 사살되고 그들을 구조하러 왔던 수송 헬기마저 로켓탄에 맞아 열여섯 명이 사망하는 참사가 일어났다.(탈레반이 염소 치는 사람들의 신고로 미군의 존재를 알아차렸는지 아니면 애초에 침투를 알고 있었는지에 대해서는 증언이 엇갈린다.)

이후 유일한 생존자 러트렐은 포위에서 벗어났지만 총상을 입어 생명이 위독해진 채로 적지에 남아 있다가 굴랍이라는 아프가니스탄 민간인의 도움으로 구조되었다.(이 이야기를 바탕으로 만든 영화가 〈론 서바이버〉다.)

이 이야기는 칸트의 도덕률을 실천한 사례라 할 수 있다. 칸트의 정언명령은 때와 장소를 배제하는 특징을 지니고 있다. 즉 도덕적 의무는 여하한 경우에도 지켜야만 한다. 여하한 경우에도 거짓말을 해서는 안 되는 것처럼 여하한 경우에도 군인은 비무장 민간인을 살해해서는 안 된다. 이때 여하한이란 무조건성을 가리키는 말로 설혹 자신이 위험에 처한다 하더라도 하지 말아야 할 일은 하지 않아야 한다는 뜻이다.

특수부대원들이 비무장 민간인을 죽이지 않고 살려준 것은 자신들이 위험에 처한다는 삶의 가장 중요한 조건을 넘어선 일로 진정한 용기의 실천이었다.

한편 미군 특수부대원을 보호해준 아프가니스탄 민간인 굴랍의 행동은 탈레반의 다수를 차지하는 파슈툰족이 2000여 년을 이어온 전통인 '파슈툰왈리'를 실천한 것이라 한다.

파슈툰왈리는 '파슈툰족의 길'이라는 뜻으로 파슈툰족에게 전해오는 윤리 강령인데 여기에는 이방인에 대한 환대를 비롯해 도망자를 보호해야 한다는 항목이 포함되어 있고, 부족 전체가 위험에 빠진다 하더라도 그렇게 해야 한다는 단서가 붙어 있다고 한다. 그렇다면 파슈툰왈리는 공동체 전체의 공익이라는 명분으로도 어길 수 없는 신성한 율법으로 정언명령과 맞먹는 위상을 지니고 있다고 할 것이다.

하지만 정언명령을 실천하기는 지극히 어렵다. 때와 상황에 따라 살아가는 대부분의 사람들은 시류를 빌미로 거짓말을 하는 것처럼 자신의 삶이 위협받는 상황에 처하면 도덕적 의무를 위배하기 일쑤이기 때문이다.

도덕의 실천에는 지식이 아니라 용기가 필요한 것이다. (2020. 3. 1.)

위험한 일

어머니는 그 마을에서 유일한 사서이자 도서관장이었다. 마을의 신부가 훗날 이야기하기를 그녀가 이동도서관을 운영했다고 하니 말이다.

　가난했던 어머니가 자동차를 몰고 다녔을 리는 만무하고 책값도 넉넉지 않았을 테니 기껏해야 몇 권의 책을 손수레에 싣고 마을 곳곳을 돌아다니며 아이들에게 빌려주었을 것이다. 아이들은 그녀가 빌려준 책을 읽으며 자랐고 그렇게 성장한 아이들 중에는 자신의 아들도 있었으니 바로 지미 그랄튼이다. 그는 어머니가 준 책에서 읽은 대로 살기 위해 마을에 회관을 지어 마을 사람들과 함께 춤을 추고 노래를 하며 그림을 그리고 글을 읽었다.

　그런 모습을 지켜보던 마을 신부는 무척 위험한 일이라 여겨 마침내 지주들과 합세하여 그를 아일랜드에서 추방하고 만다.

하지만 10년 뒤 아일랜드로 돌아온 지미는 다시 같은 일을 벌이고 더 큰 위험을 느낀 신부와 지주들과 경찰들은 그를 영구히 추방한다.

〈지미스 홀〉의 주인공 지미 그랄튼이 재차 추방당할 때 마을 회관에서 그와 함께 노래하고 춤추며 책을 읽던 젊은이들이 자전거를 타고 따라오며 그를 잊지 않겠다며, 계속 노래하고 춤추며 꿈꿀 거라며, 딸에게 심샘(shim sham: 탭댄스의 일종)을 가르칠 거라며 우릴 잊지 말라며 노래하는 마지막 장면은 그야말로 승리의 표시다.

바라고 바라고 헛되이 바라네
내 죽은 심장 다시 뛰기를
한탄이나 하지 말 것을
가는 길 평안하시길 내 사랑이여

지미는 이후 여생을 뉴욕에서 보내고 1945년 세상을 떠났다. 시신은 아일랜드 정부의 반대로 조국으로 돌아올 수 없었다.

마을 신부가 왜 지미를 위험인물이라고 여기는지 그의 말을 들어보자.

"가슴속엔 불이 있고 머리는 치밀한 녀석이야. 뇌물도 안 먹히지. 탐욕도 없고 이기적이지도 않아. 처음엔 춤이고 다음은 책일세. 발끝에서 시작해서 머리를 주무르는 거지."

신부는 옳게 보았다. 탐욕이 없고 이기적이지 않은 자는 위험한 인물이며 춤을 추거나 책을 읽는 일은 위험한 행위가 분명하다. 적어도 지금의 세상을 바꾸지 않고 그대로 지키려는 자들에게는. (2019. 8. 15.)

천고 비전의 성공 비결

청나라 말 민국 초기의 이종오(李宗吾)는 이른바 '후흑학(厚黑學)'으로 세간의 이목을 끌었다. 후흑학이란, 요컨대 성공하려면 모름지기 '낯짝이 두껍고[面厚]', '마음이 시커매야[心黑]' 한다는 주장이다.

그는 스스로 천고 비전의 성공 비결이라며 후흑을 여러 등급으로 나누었는데 처음에는 낯가죽이 종잇장처럼 얇고 마음이 우유처럼 희지만 열심히 노력하면 낯가죽 두께가 한 치, 한 척, 일 장이 되었다가 급기야 성벽처럼 두꺼워지며, 마음 또한 흰색에서 회색으로, 푸른색에서 남색으로 진해졌다가 마침내 석탄처럼 시커멓게 된다고 한다. 이렇게 되면 낯가죽이 단단해져 다른 사람이 공격해도 흔들리지 않고 마음 또한 광채가 나서 좋아하는 사람들이 많아진다.

그는 역사상 이 단계에 이르렀던 대표적인 인물로 『삼국지』

의 영웅 조조와 유비를 들며 영웅호걸들은 모두 후흑에 뛰어난 자들이었다고 이야기한다. 하지만 이 정도는 약과다. 진정으로 지후지흑(至厚至黑)의 경지까지 후흑을 수련한 인물들은 얼굴이 두꺼워도 형체가 없고[厚而无形] 마음이 시커매도 색깔이나 광채가 없기[黑而无色] 때문에 알아차릴 수가 없다며 예부터 많은 사람에게 존경을 받아온 위대한 성인들이야말로 후흑의 달인들이었다고 이야기한다.

후흑학을 쓴 뒤 이종오는 스스로 후흑교주라 일컬으며 『후흑경』과 『후흑전습록』까지 연이어 펴냈는데 지금까지도 꽤 인기가 있어서 중국은 물론 한국과 일본에서도 널리 읽히고 있다. 나 또한 일독한 뒤 내용을 정리해보려다가 마음을 접었다. 사방에 후흑한 자들이 판치는 지금 이 시대에는 더 이상 새로울 것이 없어 보였고 인생을 도박처럼 살고자 하는 이에게나 권할 만한 책이라 여겼기 때문이다.

타인의 존경을 받는 삶을 꾸려가기란 쉽지 않다. 하지만 더 어려운 것은 자신에게 존경받는 것이다. 잘 살아야겠다. (2019. 3. 3.)

좋은 것에 관하여

1879년 마리아라는 다섯 살짜리 소녀는 아마추어 고고학자였던 아버지를 따라 에스파냐의 칸타브리아 지방을 여행한다. 아버지가 하는 일을 지켜보던 마리아는 심심한 나머지 근처에 있던 동굴로 들어갔다. 때마침 비스듬히 비쳐드는 저녁 햇살은 마리아에게 경이로운 광경을 보여주었다. 바로 1만 년 이상 사람의 자취가 닿지 않았던 동굴의 벽과 천장에서 들소와 사슴 따위의 그림이 수없이 나타난 것이다. 바로 인류가 그린 가장 오래된 그림 중 하나인 알타미라 동굴벽화다. 적어도 1만 년 전에 그려진 이 그림을 보고 피카소는 이렇게 말했다.

"우리는 지난 1만 년 동안 아무것도 새로 배운 게 없다."

무슨 뜻일까? 아마도 선사시대 인류와 지금 우리가 아름답다고 생각한 대상이 다르지 않다는 뜻일 것이다.

그렇다면 선사시대의 동굴화가들은 왜 들소와 사슴 따위를 동굴에 그렸을까? 이유는 아직 분명하게 밝혀지지 않았다. 어떤 이는 당시 인류가 성공적인 사냥을 기원한 흔적이라고도 하고, 사냥 기술을 익히기 위해 학습한 흔적이라고도 한다. 또 다른 이는 그림이 사람의 발길이 닿기 어려운 동굴 깊은 곳에 그려진 걸로 보아 비밀스런 제의를 올린 흔적이라고 추정한다.

이유야 무엇이든 당시 인류는 자신들이 그린 대상이 아주 중요하다고 여긴 것만은 틀림없다. 지금 우리가 간절히 원하거나 중요한 무언가를 그림으로 그리는 것처럼, 그들 또한 간절히 원하고 중요한 무언가를 그렸을 것이기 때문이다.

그런데 이런 그림은 시대를 달리하면서 에스파냐나 프랑스뿐 아니라 전 세계에서 고루 발견된다. 예를 들어 고대 동아시아인들은 그런 그림을 청동기로 만든 솥이나 종에 새겼다. 그뿐만 아니라 거북 껍질이나 짐승의 뼈, 그리고 대나무 쪽 따위에는 그런 그림을 기원으로 한 글자를 남겼다.

이들 고대 동아시아인들이 가장 중요하다고 생각했던 물건은 무엇일까? 문자를 기준으로 추정해보면 바로 羊(양)이다. 왜냐하면 그들이 가장 중시한 가치를 가리키는 글자인 美(미) 자, 善(선) 자, 義(의) 자에는 모두 羊(양)이 들어가 있기 때문이다.

그들이 가장 아름답다고 여긴 것은 무엇일까? 바로 커다란 양이다. 아름답다는 뜻이 있는 美(미) 자는 커다란 양(羊＋大)을 그린 글자이다. 왜 그것을 아름답다고 생각했을까? 양이 크면 많은 사람이 고기를 나눠 먹을 수 있다.

그들이 최선이라고 생각했던 가치 또한 양과 관련이 있다. 善(선) 자에는 양을 골고루 나누어 먹는다〔羊+亼〕는 뜻이 있다. 그뿐만 아니라 정의를 뜻하는 義(의) 자 또한 창이나 칼 따위의 날카로운 물건으로 양고기를 썰어내는 모습〔羊+手+戈〕을 그린 글자다. 왜 양고기를 썰까? 나누어 먹기 위해서다.

이런 글자와는 달리 이익을 뜻하는 利(리) 자는 다 자란 벼 이삭〔禾〕을 칼〔刀〕로 잘라내는 모양을 그린 글자로 '좋은 것'이라는 뜻이 있다. 또 소유를 뜻하는 글자인 有(유) 자는 손을 뜻하는 글자〔十〕가 위에 있고 육고기를 그린 글자〔肉〕가 아래에 놓인 모양으로, 손으로 육고기를 들고 있는 모습을 그린 것이다.

이익이 없는 세상은 상상하기 어렵고 소유물이 없다면 단 하루도 생존하기 어려울 것이다. 그러니 이익은 좋은 것이고 소유하는 것도 좋은 일이다. 하지만 무엇보다 좋은 일은 소유를 나누는 것이다. (2016. 2. 4.)

잃어버린 사진에 관한 기억

최근 몇 년간 사진을 거의 찍지 못했다. 요즘도 늘 카메라를 가방에 넣고 다니지만 꺼내는 일이 없다. 여유가 없어서 그렇기도 하지만 그만큼 감수성이 빈약해졌기 때문이다.

그래서 얼마 전 사진전을 보기 위해 서울역 역사박물관을 찾았다. 훌륭한 작품을 보고 나면 자극을 받아 감수성이 되살아나지 않을까 싶어서다. 효과가 있었다. 박물관에서 나오자마자 카메라를 꺼내 들고 피사체를 찾기 시작했으니 말이다. 주변을 둘러보니 근처 긴 의자에 한 사람이 앉아 있는데 얼핏 봐도 노숙인이라는 것을 알 수 있었다. 흐릿한 눈빛에 머리는 헝클어져 있었고 그의 옆에는 소주병이 뒹굴고 있었다.

아무 생각 없이 그쪽을 물끄러미 바라보고 있는데 한쪽에서 한 여성이 대여섯 살로 보이는 여자아이의 손을 잡고 걸어오고 있었다. 그대로 걸어가면 노숙인 바로 앞으로 지나가게 될 것이다. 나는 뭔가 그럴듯한 장면이 나오겠다 싶어 카메라를 잡고 셔터 누를 준비를 했다. 그런데 여성은 대여섯 발짝 앞에서 잠시 멈추어 서더니 노숙인을 피해 빙 돌아서 원을 그리며 걸어가기 시작했다. 그리고 반원을 그리는 지점에 이르고서야 다시 똑바로 걸어가기 시작했다.

그렇게 두 사람이 멀어지려는 찰나, 갑자기 예상치 못한 일이 일어났다. 여자아이가 어머니로 보이는 여성의 손을 놓고 노숙인에게 달려간 것이다. 여성도 놀랐겠지만 나도 놀랐는데, 노숙인에게 다가간 여자아이는 과자로 보이는 작은 봉지를 건네주었다. 봉지를 받아 든 그의 검은 얼굴에 흰 이가 드러나 보였다. 아주 짧은 순간이었지만 나는 분명히 시간이 멈춘 느낌을 받았다.

이윽고 여자아이는 다시 여성에게 달려갔고 두 모녀가 시야에서 사라질 때까지 그의 시선과 나의 시선은 같은 방향을 향하고 있었다. 노숙인을 스쳐 지나가면서 나는 분명히 보았다. 그의 얼굴에서 예의 흐릿한 눈빛이 사라졌다는 것을.

지금 그 장면을 담은 사진은 남아 있지 않다. 나는 셔터를 누르지 못했던 것이다. (2016. 7. 6.)

호모 마테마티카(Homo Mathematica)

나는 책을 읽기 전에 글자 수를 헤아리는 버릇이 있다. 이를 테면 『도덕경』은 5000자, 『논어』는 1만 5000자, 『맹자』는 3만 5000자, 『장자』는 6만 5000자, 『사기』는 52만 6000자……

처음에는 글을 다 읽는 데 어느 정도 시간이 걸릴지 가늠해볼 셈이었지만 요즘은 그냥 재미로 헤아린다. 아무 이유 없이 글자 수를 세는 것이다.

교육학 관련 연구에 따르면 초등학교 입학 전의 유아들은 아무 목적 없이 재미로 수를 센단다. 나는 점점 어린아이에 가까워지고 있는 것인가?

생각이 여기에 미치자 어릴 적 할머니에게 들은 이야기 한 토막이 생각났다.

"처녀가 죽으면 땅에 파묻은 뒤 얼굴에 체를 씌워둬. 처녀 귀신은 한을 품고 있기 때문에 지나가는 총각을 해코지하거든. 그걸 방지하기 위해 얼굴에 체를 씌우는 거야. 체를 씌워놓으면 총각이 지나갈 때 귀신이 눈을 뜨자마자 먼저 체의 그물눈을 하나 둘…… 헤아리거든. 그런데 그물눈이 촘촘하니까 어디까지 헤아렸는지 자꾸 놓쳐서 다시 세느라 시간을 보내는데 그사이 총각이 무사히 지나가는 거지."

처녀 귀신은 왜 체의 그물눈을 헤아릴까? 나나 어린아이처럼 아무 이유 없이? 아니면 인간이 본래 수학적 동물이라서?

왜 인간이 수학적 사고를 하게 되었는지에 대해서는 아직 정설이 없는 모양이다. 생물학자 에드워드 윌슨의 견해에 따르면 자연이 수학으로 설명될 수 있다는 것이 놀라운 만큼이나 인간이 수학적 사고를 하는 것도 무척 이상한 일이라고 하니 말이다.

수학자 푸앵카레가 '수학은 다른 사물에 같은 이름을 붙이는 일'이라고 말했듯이, 수학적 사고를 하게 되면 전혀 달라 보이는 사물이 실은 같은 것임을 이해할 수 있다. 수를 헤아린다는 것은 동일한 대상일 때만 의미가 있기 때문이다. 수학적 분석을 해나가면 모든 수가 '1'과 '0'의 조합인 것처럼 모든 수를 2진법으로 표기할 수 있다. 모든 언어는 '예'와 '아니요'의 조합이며 모든 존재는 '있음'과 '없음'의 조합일 뿐이다.

독일어를 전혀 몰랐던 수학자 앨런 튜링이 독일의 암호 장비

에니그마의 해독에 성공했던 이유도 마찬가지일 것이다. 수학적 사고로 바라보면 영어나 독일어나 한국어나 다 같은 언어일 뿐 차이가 없다.

그러니 수학적 사고를 하면 인종이나 성적 취향이나 나이 따위의 편견에 따라 사람을 차별하는 일도 없을 것이다. 어린아이가 사람을 차별하지 않는 것처럼. (2017. 1. 27.)

5촌 아저씨

어느 집안이나 촌수를 5촌쯤으로 넓혀보면 그중에 이름난 사람이 한두 명 있게 마련이고 골칫거리 한두 명도 꼭 나오기 마련이다. 내게는 5촌 아저씨가 그랬다.

아저씨는 일찌감치 고향을 떠나 이곳저곳 떠돌면서 평생 건달로 살았다. 어려운 시절 가세가 빈한하고 딱히 배운 기술도 없었던지라 장사를 하거나 취직할 엄두를 내지 못하고 그저 맨주먹 하나 믿고 전국의 유흥가를 돌아다니며 험한 일, 못된 짓 가리지 않으면서 때로 큰돈을 쥐기도 하고 폭삭 망하기도 하며 잡초처럼 살았다.

그러다 5공화국 시절 삼청교육대에 붙잡혀 가서 이루 말 못할 고초를 겪고 난 뒤로는 마침내 건달 생활을 접고 자전거포를 열어 제법 착실하게 사는가 싶었는데 아니나 다를까 도박에 손을 대더니 그나마 가지고 있던 돈마저 날리고 무위도식으로 날을 보냈다.

어쩌다 어린 조카들을 만나기라도 하면 왕년의 무용담을 늘어놓으면서 자랑을 일삼았는데, 서방파가 어쩌고 양은이파가 어쩌고 전국의 폭력 조직을 줄줄 꿰면서 혼자서 다섯 명과 맞붙어 싸워 이겼다느니 흉기를 휘두르는 폭력배를 맨손으로 제압했다느니 온갖 허풍을 떨어댔다.

아저씨는 간혹 예고도 없이 집 안에 나타났다가도 온다 간다 말도 없이 떠나곤 했는데 신기하게도 집 안이나 마을에 큰일이 생기면 어디서 어떻게 소식을 들었는지 반드시 나타나 염습을 하거나 입관을 돕는 등 궂은일을 마다하지 않았다.

하지만 아저씨는 대체로 온갖 일에 참견하면서 이래라저래라 쉴 새 없이 떠들어대는 통에 사람들이 다들 성가셔하며 반기지 않았고 나 또한 이런저런 생활상의 태도를 꼬치꼬치 간섭하는 아저씨가 내심 귀찮아 가급적 만나기를 피하며 있는 듯 없는 듯 무시하며 지냈다.

그러던 아저씨가 몇 년 전 갑자기 돌아가셨다. 상가에 들렀더니 그간의 시끌벅적했던 집안 초상과는 사뭇 다르게 적막이 감돌았다. 영정에 절하고 자리에 앉았는데 친척 어른 한 분이 "제일 시끄러운 사람이 저기 있으니 상갓집이 다 조용하다"라고 말하면서 영정을 가리켰다.

나는 그제야 그의 존재가 생각보다 컸음을 깨달았다. 그가 커다란 목소리로 쉴 새 없이 떠들어댔기에 상갓집이 적적하지 않았고 부산스럽게 돌아다니며 문상 온 사람들과 무람없이 어울렸기에 슬픔에 잠긴 친척들이 유형무형으로 위로받았던 것이다.

누군가를 돕거나 위로하는 일은 꼭 잘난 사람의 잘난 행동이어야 하는 것이 아니다. 오히려 못난 사람의 못난 행동이 더 깊이 사람을 위로할 때도 있는 법이다. 아무려나 사람을 위로할 수 있는 것은 사람뿐이며 누군가를 돕는 데 자격이 필요하지 않듯이 누군가를 위로하는 일에도 자격이 필요하지 않다.

그는 허풍이 심했지만 정직했고, 정의롭지는 않았지만 불의를 보면 참지 못했으며, 훌륭한 가장은 아니었지만 가족에 대한 기본 도리를 잊지 않았다. 그를 모르는 사람들은 앞뒤가 안 맞는 듯한 이 말을 이해할 수 없겠지만, 그를 겪은 이들은 알 게다. 서툴고 거친 방식의 연민도 존재하는 법이며, 그것이 오래 기억에 남기도 한다. 부디 가신 곳에서 편안하시기를 빈다.

《월간에세이》 2000년 9월호)

울음

내가 어린 시절 할머니의 이야기를 들으면서 자랐다고 한 적 있는데 실은 친할머니가 아니라 외할머니다. 기억에 남아 있는 가장 어린 시절부터 나는 외할머니와 함께 살았고 돌아가시던 날까지 가족 중 가장 긴 세월을 함께 지냈다.

할머니는 나에게 아낌없는 사랑을 베풀어주셨다. 내가 떼를 쓰거나 잘못을 저지르면 아버지 어머니는 나를 훈육했지만 할머니는 내가 어떤 잘못을 저질러도 늘 내 편이 되어주었다. 한번은 빌려온 만화책에서 좋아하는 주인공이 그려진 페이지를 몰래 도려내는 짓을 했다가 발각된 일이 있다. 노발대발한 만화 가게 주인이 우리 집에 사실을 알리고 변상을 요구하자 다른 가족들은 저런 녀석은 경찰서에 끌려가 혼이 나야 정신을 차린다며 무섭게 윽박질렀다. 그때 나는 태어난 이후로 가장 큰 두려움에 빠졌다.

그런데 할머니는 내 손을 잡고 만화 가게로 가 주인 청년을 만나 간곡한 말로 용서를 구했다. 잘못은 내가 했는데 할머니는 마치 당신이 잘못하기라도 한 것처럼 젊은이에게 연신 머리를 숙였다. 이윽고 할머니의 사과에 마음이 움직인 주인은 변상을 요구하지 않겠다면서 나에게 앞으로 만화책을 빌려 가지 말고 가게에서만 보라며 다짐하게 한 다음, 못쓰게 된 그 만화책을 내 손에 쥐여주었다. 할머니 덕에 나는 죄를 용서받았을 뿐 아니라 선물까지 받은 것이다.

할머니는 내가 대학원을 다니던 1980년대 중반에 94세로 돌아가셨다. 돌이켜보면 지금까지도 내가 가장 많이 운 때는 할머니가 돌아가신 바로 그날이다. 할머니와 마지막으로 만난 날 밤 나는 쏟아지는 눈물을 훔치느라 휴지통을 여러 개 비웠다.

훨씬 뒤 아버지와 어머니가 여러 해 간격을 두고 돌아가셨지만 그때도 나는 할머니가 돌아가셨을 때만큼 울지는 못했다. 슬픔이 덜해서가 아니었다. 슬픔의 크기로 치자면 아버지에게 죄송하지만 아무래도 어머니가 돌아가셨을 때가 가장 컸다. 그래도 할머니가 돌아가셨을 때만큼 울지 못했던 까닭은 원 없이 함께 살지 못했다는 회한이 울음을 방해해서였다.

할머니는 나에게 어떤 회한도 남기지 않고 돌아가셨다. 건강하게 지내시다가 보름 정도 앓아누우신 뒤 떠나셨는데, 내내 정신이 혼미하여 사람을 알아보지 못하다가 돌아가시기 전날 밤 잠시 돌아온 맑은 정신으로 내 손을 잡고 이렇게 말씀하셨다.

"우리가 이 세상에서 이렇게 만난 것이 영광이 아니더냐."

내가 울기 시작한 건 그때부터였는데 밤이 새도록 울어본 것은 내 생애 처음이자 아마도 마지막일 것이다. 생각해보면 그때 내 울음에는 힘이 있었다. 누구도 이의를 제기할 수 없을 만큼 울어야 할 이유가 분명했기 때문이다.

언젠가 내가 죽을 때 누군가 그렇게 울어주면 좋겠지만 그럴 일은 없어 보인다. 할머니가 나를 사랑했던 것만큼 내가 누군가를 아낌없이 사랑하지 못했기 때문이다. (2020. 11. 21.)

어느 가족이 본 〈어느 가족〉

며칠 전 가족과 함께 집 근처 영화관을 찾았다. 고레에다 히로카즈 감독의 〈어느 가족〉을 보기 위해서다. 당초 식구 넷이 다같이 편안하게 즐길 만한 영화는 아닐지 모른다는 염려가 없지 않았다. 칸 영화제 황금종려상 수상작이지만 부모와 자녀가 함께 보기에는 적잖이 불편한 장면이 나올 수 있다고 생각한 것이다. 하지만 가족 모두 어엿한 성인인 데다 의견 일치가 쉽지 않은 우리 가족의 특성상, 모처럼 같이 영화를 보기로 한 드문 기회를 놓치기는 아까웠다.

우리 가족은 좋아하는 음식이며, 독서나 음악 취향이 모두 다르며 세대 차이도 꽤 심한 편이다. 무엇보다 밥상머리 대화에서 다른 사람 이야기는 잘 듣지 않고 자기가 하고 싶은 말만 끝까지 해대는 통에 번번이 논쟁이 일어나 서로 얼굴 붉히기가 십상이다.

이처럼 모래알 같은 가족이 한 명의 반대도 없이 〈어느 가족〉을 보는 데 찬성했으니 영화를 보기도 전에 고레에다 감독의 위대함에 고개가 숙여졌다.

〈어느 가족〉은 원제가 '만비키 가족(万引き家族)'이다. '만비키'는 물건을 사는 척하면서 훔치는 사람을 가리키는 말로 원제를 우리말로 옮기면 '좀도둑 가족' 정도가 된다. 제목만 보면 가족 영화가 아니라 오히려 가족 파괴 영화라 해야 할 것이다. 세상의 온전한 직업으로 간주할 수 없는 도둑들의 이야기가 어찌 가족 영화일 수 있단 말인가.

게다가 주인공들 중에 사회가 용인하는 정상적인 일에 종사하는 사람은 단 한 명도 없다. 남편 오사무는 아이를 시켜 가게의 물건을 훔치게 하고 때로 자동차의 창문을 부수고 직접 물건을 훔치기도 한다. 아내 노부요는 세탁소에서 일하지만 세탁물에 잘못 딸려온 고객의 물건을 수시로 훔친다. 딸 아키는 유사 성행위 업소에서 일하며 돈을 번다. 할머니 하쓰에는 전 남편이 남겨준 연금으로 생활하지만 생전의 남편과 정상적인 관계가 아니었다. 아들 쇼타는 책가방을 메고 다니지만 학교에 다니지 않으며 책가방 안에는 책 대신 훔친 물건이 들어 있다. 새로 가족이 된 유리는 오빠인 쇼타를 따라 가게에서 물건 훔치는 법을 배운다.

이들은 혈연 유대가 아니라 서로의 필요에 따라 함께 살게 된 것일 뿐이다. 할머니는 돌봄이 필요하고 다른 사람은 할머니의 연금에 의지하여 생활한다. 이들이 함께 모여 살게 된 것은 가출이나 버려짐 또는 유괴 때문이다. 그러니 사회의 기준으로 보면 이들을 가족이라 할 수 없다. 그런데 그들이 세상 사람들이 '내다 버린' 가족의 가치를 가장 잘 지키고 있다면?

영화의 후반부에 이르러 할머니 하쓰에가 죽자 부부는 연금을 계속 타기 위해 할머니의 시신을 몰래 땅속에 파묻는다. 나중에 경찰이 시신을 유기한 혐의를 추궁하자 노부요는, 자신들은 '버린 것'이 아니라 '주운 것'이라며 버린 사람은 따로 있지 않느냐고 묻는다. 이 질문은 관객에게 그대로 꽂힌다. 내가 바로 노부요가 말하는 그 '버린 사람'이 아닌가.

주인공들이 함께 불꽃놀이를 구경하는 장면은 특히 인상 깊다. 그들은 불꽃은 보지 못하고 지붕 너머로 폭죽 소리만 들을 뿐이다. 하지만 여느 가족보다 더 아름다운 불꽃놀이를 즐기고 있다. 이 장면은 보이지 않아도 볼 수 있음을 암시한다. 가족은 그런 것이다.

할머니가 해변에서 놀고 있는 가족 다섯 명을 바라보며 입술만 움직여 말하는 장면은 감동적이다. "그동안 고마웠어요." 물론 말소리는 들리지 않는다. 이 장면은 영화의 마지막 장면에서 쇼타가 입술을 움직이는 장면과 함께, 들리지 않아도 들을 수 있음을 암시한다. 다시 말하건대 가족은 그런 것이다.

영화의 막바지에서 부부는 자신들에게 가장 소중한 것을 쇼타에게 내어준다. 다름 아닌 자신들의 아들로 여겼던 쇼타 자신이다. 노부요는 쇼타에게 친부모를 찾을 수 있는 단서를 알려준다. 그리고 오사무는 자신의 본명과 똑같은 이름을 지어준 아들 쇼타에게 이렇게 말한다.

"아빠는 이제 아저씨로 돌아갈게."

주인공들은 가족을 위해 자신이 가장 소중하게 여기는 것을 준 것이다.

〈어느 가족〉은 '훌륭한' 가족 영화가 아니라 내가 본 '유일한' 가족 영화였다. (2018. 8. 13.《경인일보》)

맛에 관하여

언제부턴가 우리 식구 중에서 나만 빼고, 그러니까 아내와 딸, 아들 녀석까지 텔레비전에서 이른바 '먹방'이 나오면 넋 놓고 본다. 얼마 전엔 유명 요리사 고든 램지가 나왔다고 호들갑을 떨기도 했다.

나는 식구들의 그런 모습을 못마땅한 시선으로 바라보기 일쑤였다. 왜냐하면 아무리 생각해봐도 나도 아닌 다른 사람이 먹는 모습을 보고 즐긴다는 게 도무지 이해가 되지 않았기 때문이다. 게다가 자신이 먹는 모습을 방송으로 내보내는 일을 기꺼이 감내하는 출연자들은 더 이상해 보였다. 나라면 누가 지켜보고 있는 데서는 밥이 잘 넘어가지 않을 것이다.

그러다 지금까지 내가 어떤 방송을 보고 즐겼는지 생각해보았다. 지금은 거의 보지 않지만 나도 한때는 스포츠 중계를 즐겨 보았다. 야구나 축구 경기는 무척 즐겨 보는 편이었고 가끔은 권투나 이종 격투기를 보기도 했다. 그러니까 사람들이 '싸우는 모습'을 주로 보았던 셈이다. 으레 치고받고 싸우거나 승자의 환호와 패자의 눈물이 있는 이벤트를 보고 즐겼던 것이다.

반면 먹방에는 그런 일들이 일어나지 않는다. 처음부터 끝까지 함께 즐거워하며 음식을 나눠 먹는 평화로운 모습이 이어질 뿐이다. 여기까지 생각이 미치자 문득 먹방 보는 식구들이 아니라 그걸 이상하게 바라보는 내가 이상하다는 생각이 들었다.

오래전 이야기지만 〈음식남녀〉라는 영화를 본 적이 있다. 요리사인 주사부는 나이가 들어가면서 조금씩 입맛을 잃어가기 시작한다. 하지만 그런 사실을 쉽게 인정하지 못한다. 가족들 또한 그의 요리가 예전만 못하다는 것을 알지만 말하지 않는다. 주사부와 오랫동안 함께 일해온 동료 요리사 온씨가 그의 고충을 알아차리고 이렇게 이야기한다.

"베토벤이 좋은 소리는 귀에 있지 않다고 말한 것처럼 좋은 입맛도 입에만 있는 것이 아니야."

얼마 후 온씨는 건강을 잃고 병원에 입원하고 마지막 순간에 자신이 일하던 주방으로 돌아와 숨을 거둔다. 동료를 잃고 슬픔에 잠긴 주인공은 자신의 요리를 먹는 가족들의 표정을 주의 깊게 관찰한다. 그 결과 그는 가족들이 그렇다고 말은 하지 않지만 자신의 요리가 이미 제맛을 내지 못한다는 사실을 인정할 수밖에 없게 된다. 이후 그는 평소 마시던 고산차 대신 물을 마신다. 평생 그토록 좋아하던 차 맛을 느끼지 못할 정도로 입맛을 잃어버린 것이다.

이제 주변에서 그가 요리한 음식을 먹으면서 감탄하는 사람들은 사라졌다. 하지만 희망이 완전히 사라진 것은 아니었다. 손녀뻘인 이웃집 어린이 산산이 그의 음식을 언제나 맛있게 먹어주었기 때문이다. 마침내 그는 매일같이 여러 가지 음식을 요리해 학교로 들고 가서 산산에게 준다. 아이들은 그가 만든 음식에 환호했고 이제 그는 다른 아이들의 음식까지 만들어서 학교를 드나들기 시작한다. 산산이 집에서 가져온 도시락을 대신 먹던 주인공은 조금씩 깨닫기 시작한다. 동료 온씨가 맛은 입에 있는 것이 아니라고 했던 말의 뜻을. 영화의 마지막 장면에서 딸이 차려준 음식을 먹으며 주인공은 마침내 입맛을 되찾았다고 이야기한다. 그는 어떤 맛을 찾았을까?

그러고 보니 추사 김정희도 죽기 두 달 전 이런 대련을 썼다.

대팽두부과강채(大烹豆腐瓜薑菜)

고회부처아녀손(高會夫妻兒女孫)

'최고의 음식은 두부 오이 생강 나물이요, 가장 훌륭한 모임은 부부와 아들딸 손자'라는 뜻이다. 이 글귀대로라면 가장 맛있는 음식은 두부, 오이, 생강 따위라 하겠지만 사실 김정희의 속뜻을 이해하기는 어렵다. 당시 그의 나이가 일흔한 살이었으니 미각 또한 주사부만큼이나 온전치 않았을 것이다.

여태껏 변변한 요리라고는 해본 적이 없는 나로서는 주사부나 김정희가 느낀 맛이 어떠했을지 감히 말할 수 없다. 다만 가족들과 옹기종기 모여앉아 함께 음식을 먹는 일이야말로 인생에서 가장 커다란 즐거움이라는 요지만은 어렴풋하게나마 알 것 같다. 언젠가 내가 만든 요리를 식구들과 함께 먹는 날이 오면, 그때는 나도 맛이 무엇인지 비로소 이야기할 수 있으련만.

(2018. 1. 22.《경인일보》)

루저 가족의 세상 밀기 〈미스 리틀 선샤인〉

가족 영화를 표방했는데 R 등급을 받은 영화. 세상이 얼마나 웃기는지, 평범한 사람들의 삶이 얼마나 고단하고 슬픈지 깨닫게 해주는 영화. 위선이 가득 찬 세상에 통렬한 한방을 날린 후 그들은 다시 힘을 합쳐 고물 버스를 밀어서 시동을 걸고 차에 올라탄다.

성공학을 강의하지만 한번도 성공해본 적이 없는 아빠, 직장일에 이리저리 치이는 데다 온 가족을 돌보느라 지칠 대로 지친 엄마, 파일럿이 될 때까지 말을 하지 않기로 결심하고 아홉 달 동안 입을 다물어버린 아들, 뚱뚱하고 못생긴 안경잡이지만 어린이 미인 대회 출전을 꿈꾸는 어린 딸, 몰래 금지된 약물을 복용하다 요양원에서 쫓겨난 할아버지, 학자이지만 실연을 당해 자살을 시도했다가 살아난 동성애자 외삼촌. 그들이 가장 자주 입에 올리는 단어는 이혼, 파산, 자살이다.

도대체가 멀쩡한 사람이라곤 한 명도 없는 엉망진창의 가족이 딸을 어린이 미인 대회에 출전시키기 위해 고물 미니버스를 몰고 1000킬로미터가 넘는 먼 길을 나서는데…….

뜻대로 풀리는 일이 하나도 없다. 아빠의 계약은 무산되고 아들은 꿈을 이루기 어려운 정도가 아니라 아예 꿈 수조차 없음을 확인하게 되며 고물 버스마저 고장이 나 사람이 밀어야 시동이 걸리는데, 급기야 할아버지는 다시 약물을 복용하다가 큰일이 일어난다.

영화는 매우 심각한 분위기로 시작하지만 시간이 흐를수록 관객은 자신도 모르는 사이에 낄낄거리며 웃게 된다. 영화 속 상황은 나아지기는커녕 파국으로 치닫는데 말이다.

어려운 상황에서도 웃음을 잃지 말고 살아가라는 식의 식상한 교훈이나 그래도 세상은 살 만하다는 값싼 위로는 어디에도 보이지 않는다. 오히려 그 반대다. 영화는 상투적인 기만과 싸운다. 낄낄거리며 웃게 되는 까닭도 억지로 웃기려 해서가 아니라 실제로 세상이 웃겨서이다. 생각해보라. 억지 미소와 거짓 품위로 무장하고 걸핏하면 근엄하게 규칙을 가르치려는 사람들의 위선은 얼마나 웃기는가.

모든 일이 파국으로 치닫는 가운데에서도 가족은 포기하지 않고 곧장 앞으로 돌진한다. 슬픔과 웃음이 완만하게 상승 곡선을 그리다가 마침내 둘이 만나 커다란 홍소(哄笑)를 유발한다. 이들 가족이 마주하는 현실은 '웃픈' 게 아니라 그 반대다.

까닭 모를 눈물과 대책 없는 웃음이 뒤범벅이 되는 절정의 순간이 지나고 엉망진창의 가족은 다시 살아갈 힘을 얻는다. 그들은 패배자가 아니다. 세상이 미쳤을 뿐이다.

다음은 자칭 전미 최고의 프루스트 학자인 외삼촌 프랭크가 파일럿의 꿈이 좌절된 조카 드웨인을 위로하며 하는 말.

"프루스트는 완벽한 루저였어. 한 번도 진짜 직업을 가져본 적이 없고 짝사랑만 하던 동성애자였어. 20년에 걸쳐 책을 썼지만 아무도 읽지 않았어. 하지만 셰익스피어 이후 최고의 작가라 할 만하지. 그는 말년에 이렇게 회고했어. '힘겨웠던 시절이 가장 좋았다. 행복했던 시절에는 배운 게 없었다.'"

할아버지 에드윈이 대회 출전을 두려워하는 손녀 올리버에게 해주는 말.

"진짜 패배자는 질까 무서워서 시도도 안 하는 사람이란다."
(2020. 3. 14.)

호우부지시절(豪雨不知時節)

미안하게도 창을 두드리는 빗소리가 반갑지 않다. 호우지시절(好雨知時節)이라, 좋은 비는 때를 알고 내린다 했는데 이번 비는 그렇지 않아서 잠 못 이루는 이들의 근심이 깊어가기만 한다. 이 비가 그치기까지 얼마나 많은 가지가 꺾이고 얼마나 많은 논밭이 물에 잠기고 또 얼마나 많은 귀한 생명이 떠내려갈 것인가.

고대 동아시아 사회에서 재난은 일상이었다. 때마다 가뭄과 홍수가 일어나고 전염병이 창궐하여 삶을 위협하고 급기야 메뚜기 떼가 날아와 수확을 앞둔 농작물을 먹어 치운다. 유학의 경전 『예기』의 기록에 따르면 작은 재난은 3년에 한 번, 큰 재난은 10년에 한 번꼴로 찾아왔다. 그 때문에 나라가 9년 치의 곡식을 비축하지 못하면 부족하다 했고 6년 치의 곡식이 없으면 위급하다 했고 3년 치의 곡식조차 없다면 심지어 나라도 아니라고 했다. 국가가 부를 축적하는 이유는 재난이 닥쳤을 때 백성의 삶을 보살피기 위해서라고 생각했던 것이다.

재난이 닥치면 가장 큰 어려움을 겪는 이들은 가난하고 외로운 사람들이다. 유학의 이상 정치를 가리키는 말인 왕도(王道)는 바로 이 가난하고 외로운 사람을 보살피는 통치 원리였다. 맹자가 제나라에 갔을 때 제나라 왕이 왕도 정치가 무엇이냐고 묻자 맹자는 이렇게 대답했다.

늙어서 아내 없는 것을 '홀아비〔鰥〕'라 하고, 늙어서 남편 없는 것을 '과부〔寡〕'라 하고, 늙어서 자식 없는 것을 '홀로 사는 사람〔獨〕'이라 하고, 어려서 부모 없는 것을 '고아〔孤〕'라 합니다. 이 네 부류는 천하에서 가장 가난하고 하소연할 곳 없는 사람들인데 이들을 먼저 보살피는 것이 왕도입니다.

맹자가 말한 '환과고독(鰥寡孤獨)' 중에서 '환(鰥)'은 본디 물고기를 가리키는 말인데, 홀아비는 근심 때문에 밤에도 눈을 감고 편안히 잠들지 못하는 것이 마치 물고기와 같다는 뜻으로 쓴 말이다. 그렇다고 해서 나머지 세 부류, 곧 과부, 홀로 사는 노인, 고아가 편히 잠든다는 뜻은 아니며 이들도 잠 못 이루기는 마찬가지일 테고 오히려 홀아비는 그중 사정이 가장 나은 편일

지도 모른다.

　유학을 통치 이념으로 삼아 나라를 세웠던 조선의 경우는 건국 초부터 재난이 닥쳤을 때 가난하고 외로운 이들을 맨 먼저 보살피도록 명문화했다. 왕도를 표방했던 태조의 「즉위교서」에는 다음과 같은 내용이 실려 있다.

　홀아비, 과부, 고아, 의지할 곳 없는 노인〔鰥寡孤獨〕은 왕도 정치를 베풀 때 가장 먼저 보살펴야 할 사람들이니, 마땅히 불쌍히 여겨 돌보아야 할 것이다. 해당 지역의 관청에서는 굶주리고 궁핍한 사람을 구휼하고 부역을 면제해주도록 하라.

『태종실록』의 기사에도 다음과 같은 내용이 보인다.

　의지할 곳 없는 불쌍한 백성들을 제생원에 모아들여 돌보게 했다. 의정부에 하교하기를, '환과고독(鰥寡孤獨)과 독질자(篤疾者), 폐질자(廢疾者), 실업(失業)한 백성들이 어찌 얼고 주려서 비명에 죽는 자가 없겠느냐? 내가 매우 불쌍히 여기니 여러 관청의 관리들로 하여금 빠짐없이 거두어 보살피게 하라'고 했다.

　이 기록에서는 맹자가 이야기한 환과고독에 더해 독질자와 폐질자까지 아우르고 있다. 독질자란 불치의 병에 걸린 이들이고 폐질자는 장애를 가진 이들을 가리킨다. 가장 어려운 처지에 놓인 사람들은 국가가 나서서 보살펴야 한다는 생각이 당연시되었던 것이다.

지금도 다르지 않다. 과학기술이 발달했다지만 재난 자체가 일어나지 않게 할 방법은 없어 보인다. 코로나19 바이러스로 어려운 가운데 유례없는 폭우가 쏟아져 온 나라가 최악의 물난리를 겪고 있다. 둑이 터지고 마을이 물에 잠기고 소들이 물을 피해 지붕 위에 올라갔다. 어떤 이들은 사랑하는 사람을 잃고 애통해하고 있으며 어떤 이들은 소중한 삶의 터전을 잃고 뜬눈으로 밤을 지새우고 있다. 재난이 닥치면 가장 크게 고통받는 이들은 언제나 평소 어렵게 살던 사람들이다. 지금 우리에게 필요한 것은 오늘도 뜬눈으로 밤을 지새울 이재민들의 아픔에 공감하고 공동체 성원 모두가 힘을 합쳐 그들을 돕는 일이다.

(2020. 8. 11.《경인일보》)

덕분에

지하철을 탔다. 퇴근 시간 무렵이라 꽤나 북적인다. 외신으로 보거나 전해 들은 다른 나라의 텅 빈 지하철과는 사뭇 다른 풍경이다. 대부분의 사람은 시선을 휴대전화에 고정하고 있지만 이어폰을 귀에 꽂고 음악을 듣거나 드물게 책을 펼쳐 든 이들도 보인다. 사람과 사람 사이의 거리는 '사회적 거리두기'를 지킬 수 없을 정도로 가깝다. 모두 마스크를 쓰고 말이 없다.

예전이라면 이런 풍경이 괴기스럽게 보였겠지만 요즘은 그렇지 않다. 마스크를 써서 표정은 보이지 않고 눈만 보이지만 사람들의 눈빛에서 무언가 간절하게 기다리는 마음이 읽힌다. 아마 나 또한 같은 것을 기다리고 있기 때문일 것이다.

그리고 보니 아직 지하철이나 버스를 이용하다가 코로나19에 감염된 사례는 보고되지 않았다. 나는 이게 놀라운 일이라고 생각한다. 대중교통 수단은 대개가 혼잡하고 밀폐되기 쉬워서 코로나19가 광범위하게 전파되기 좋은 환경이니 말이다. 의료진이나 방역 당국의 노력 덕분일 것이다. 아울러 환경 관리 노동자들이 사람들의 손이 닿는 곳을 일일이 닦아내며 소독을 했기 때문임이 틀림없다. 결국 혼잡한 대중교통 공간에서 바이러스가 전파되지 않는 것은 의료진과 방역 당국의 노력에 더해 환경 노동자들의 노고가 빛을 발한 결과라고 보아야 한다.

하지만 나는 감염이 일어나지 않은 데에는 이 모든 것을 합친 것보다 더 중요한 것이 작용했다고 생각한다. 바로 대중교통을 이용하는 평범한 시민들의 노력이다. 방역 당국이나 해당 사업장의 노동자들이 아무리 애쓰더라도 대중교통을 이용하면서 매일같이 출퇴근하는 평범한 사람들의 노력이 뒷받침되지 않는다면 감염 예방은 불가능하기 때문이다.

그러니까 생업을 이어가며 부지런히 일상을 살아가는 시민들은 자신과 이웃 그리고 공동체의 안전을 위해 불편을 감수하면서도 마스크를 단단히 착용하고 방역 수칙을 잘 지키고 있다는 이야기다. 이웃과 공동체를 생각하는 사람들이라면 아무리 많이 모여도 안전한 것이다. 어떤 이는 이른바 깜깜이 감염이 대중교통 수단에서 일어났을 수 있다고 이야기한다. 하지만 감염 가능성이야 어디든 마찬가지이니 정작 깜깜한 것은 대중교통 수단이 아니라 감염되고 나서도 자신의 이동 경로를 밝히지 않는 이들의 마음속이 아닐까.

자신은 특별한 대접을 받아야 한다고 생각하는 사람들은 마스크를 잘 쓰지 않고 사람들을 만날 때 조심하지 않는 경향이 있다. 자신은 감염되지 않는다고 자신하거나 감염되어도 상관없다고 생각하는 것일까? 아니면 혹 하루 벌어 하루 먹고 사는 사람들과 달리 치료를 받기 위해 일을 쉬어도 생계에 지장이 없어서일까? 만약 그렇다면 그들의 특별함은 공동체의 안위를 염두에 두지 않는 어리석은 이기심에 지나지 않을 것이다.

바이러스 감염의 위험에도 지하철이나 버스로 출퇴근할 수밖에 없는 사람들 대다수는 생산직이나 서비스직에 종사하는 임금 노동자들이거나 영세 자영업자들이며 코로나 때문에 가장 큰 피해를 보고 있는 사람들이기도 하다. 나는 지하철을 탈 때면, 이 속에서 모종의 동맹 의지마저 느낀다. 내가 안전해야 당신이 안전하며, 당신이 안전해야 내가 안전하다는, 그리고 이곳의 안전은 반드시 지켜져야 한다고 굳게 믿는 사람들의 동맹 말이다.

평범한 시민들의 방역과 관련된 노력은 놀라울 정도다. 마스크를 쓰거나 손을 자주 씻는 생활 수칙을 철저히 지킬 뿐 아니라 모임이나 여행을 자제하는가 하면 심지어 명절 귀성마저 삼가고 있다. 우리는 감염 예방을 위해 할 수 있는 모든 노력을 다

하고 있는 것이다. 내가 지하철에서 본 사람들의 눈빛은 마땅히 해야 할 일을 다하고 나서 마지막으로 기도하는 눈빛이었다.

일상을 살아가는 평범한 사람들이 이렇게 굳건하다면 우리 공동체는 예전처럼 마스크를 벗고 살아가는 일상을 틀림없이 회복할 것이다. 우리 공동체가 다른 곳보다 안전하다면 그것은 다름 아닌, 버스와 전철 속의 안녕을 지켜나가는, 바로 당신과 나의 노력 덕분이다. (2020. 9. 22.《경인일보》)

5부 ———————————— 시로 삶을 다독이다

연암의 글을 뽑으며

강의 교재로 쓰기 위해 『연암집』에서 글을 가려 뽑고 있다. 『연암집』은 연암 박지원의 문집으로, 조선시대 사대부들의 일상적인 글쓰기 형식인 서(序)·발(跋)·시(詩)·서(書)는 물론이고, 임금에게 올린 장계(狀啓)나 대책(對策), 소(疏)뿐만 아니라 「방경각외전」 같은 소설, 세계적으로도 유례없는 장편 기행문으로 평가받는 「열하일기」와 농사를 짓는 데 필요한 정보를 담고 있는 「과농소초」 같은 저서들이 포함되어 있다.

일찍이 한말의 창강 김택영을 비롯하여 많은 문인·학자들은 연암이 우리 고전문학의 최고봉이라는 데 동의했다. 그만큼 연암의 문장은 짝을 찾기 어려울 정도로 아름답다.

『연암집』 읽기는 고전 애호가들은 물론이고 연구자들에게도 매우 흥미로운 도전이다. 지극히 아름답지만 지극히 난해하기 때문이다. 또 하나, 당대 조선인들의 삶을 구구절절하면서도 절묘하게 묘사하고 있다는 점에서도 『연암집』은 참으로 귀한 책이다. 예를 들어 「열녀함양박씨전 병서」에서 연암은 과부의 심정을 이렇게 읊는다.

가물거리는 등잔불 제 그림자 위로할 제, 홀로 지키는 밤은 지새우기가 어렵더라. 게다가 처마 끝에서 빗물이 방울져 떨어지거나 창가에 달빛이 하얗게 흐르며, 낙엽이 뜰에 뒹굴고 외기러기 하늘에서 울며, 멀리 닭 울음도 끊어지고 어린 종년은 세상모르고 코를 골면 가물가물 잠 못 이루노니 이 괴로움을 누구에게 하소연하랴.

가만히 읽고 있으면 가슴이 먹먹해진다. 남성인 연암이 청상과부의 심정을 어떻게 이토록 절묘하게 묘사할 수 있는지 감탄이 절로 나온다. 하긴 나도 그 심정을 알 수 없기는 마찬가지이긴 하다.

연암의 글은 당시 사대부뿐만 아니라 여인과 중인들에게까지 필사되어 읽혔을 정도로 대중적인 인기를 끌었다. 그런데 바로 이런 이유로 군왕이던 정조(正祖)조차도 연암의 글을 읽지 못하게 했다. 그만큼 파급력이 컸다는 뜻이다. 사실 연암은 혈연이나 정치적 계보로 치면 당시 신분 사회의 최상층부에 있었던 주류였다. 하지만 거기에 조금도 얽매이지 않았다.

오히려 연암은 당시 양반 지배층의 고루하고 위선적인 관념을 선뜻 뛰어넘었던 이덕무, 유득공, 박제가, 백동수 등 서얼 출신들과 마음을 터놓고 진실하게 교유하였을 뿐만 아니라, 하인들의 이야기를 즐겨 들었고 참외 파는 사람, 돼지 치는 사람도 서슴없이 친구로 받아들였다. 그래서 그의 글에는 떠돌이 거지나 똥 푸는 사람, 땔나무 하는 사람, 이름 없는 농부, 시정의 왈패 등 하층민이 자주 등장한다. 상하의 위계가 엄격한 신분 사회에서 감히 시도하기 어려운 글쓰기를 한 셈이다. 이런 점에서 연암은 진정 자유로운 정신의 소유자였다고 할 수 있다. 아니 연암의 빛나는 문장은 바로 그런 자유로운 정신에서 비롯된 것이라 해야겠다.

연암의 글은 호탕함에서는 『맹자』와 견줄 만하고 신랄한 풍자와 날렵한 비유에서는 『장자』를 넘나든다. 예컨대 맹자의 논리로 성리학적 사고에 갇혀 있는 당시의 지식인들을 매섭게 비판하고, 장자의 다채로운 표현을 빌려 시골 사람의 코 고는 소리를 아름답게 그려낸다.

중국의 고문을 모방하는 글쓰기에 얽매여 있었던 당시 대부분의 지식인들은 연암의 글을 잡글이라 비난했지만 그는 시대를 꿰뚫어 보는 예리한 감각으로 양반 지배층의 위선과 가식을 날카롭게 비판했다. 게다가 읽는 이가 혀를 내두를 수밖에 없는 해박한 지식, 불한당도 여지없이 설복시키는 명쾌한 논리, 마치 눈앞에서 대상을 보는 것처럼 착각하게 하는 사실적인 표현, 읽고 있으면 절로 무릎을 치게 하는 절묘한 비유 등으로 당대 독자들로부터 열렬한 호응을 얻었다.

그의 글은 읽는 사람을 울리고 웃기며 머리털이 쭈뼛 서게 하거나 목메게 한다. 또한 무릎 치며 탄복하다가 종내 가슴이 아려 눈물 흘리게 하는 힘이 있을 뿐만 아니라 평범한 사람들의 일상이 얼마나 소중한지를 깨우쳐준다. 내가 연암의 글을 아껴 읽는 이유다. (2017. 10. 18.)

그림으로 그린 시

추사 김정희가 가장 사랑했던 제자는 고람(古藍) 전기(田琦)이다. 아마도 그가 문자와 책의 향기를 가장 잘 담아냈기 때문이리라. 전기가 남긴 걸작 중의 하나가 〈계산포무도(溪山苞茂圖)〉이다. 〈계산포무도〉가 위작이라는 주장이 있다. 하지만 진짜냐 가짜냐는 중요하지 않다. 깨닫는 자는 거짓을 통해서도 깨닫고 못 깨닫는 자는 진실 앞에서도 미망에 빠져들기 마련이니.

전기는 중인 출신으로 김정희 문하에서 글씨와 그림을 배웠고 조희룡, 유재소, 유숙 등과 절친했다. 서른 살에 죽어 단명하고 말았는데, 일찍이 선배 화가였던 류최진은 "30년 전기의 재능이 500년 화단의 역사를 감당할 만하다"라고 이야기했다. 이런 면모 덕에 그는 때로 추사를 능가했다고 평가받기도 했다. 〈계산포무도〉는 그가 남긴 몇 안 되는 작품 중 하나로 김정희의 〈세한도〉 못지않게 여백이 많다. 전기는 스물네 살 때인 1849

년 여름에 이 그림을 그렸는데, 기교나 꾸밈이 전혀 없고 경물의 묘사 또한 대담하고 간략하여 얼핏 보면 어린아이가 그린 듯 거칠기 짝이 없다. 더욱이 그림 왼쪽 상단에 쓰여 있는 글씨는 갈수록 갈라진 흔적이 역력하다. 또 갈대의 이파리나 지붕의 선을 봐도 전기가 이 그림을 갈라진 붓 한 자루를 들고 단번에 그려냈음을 짐작할 수 있다.

전기와 망년우(忘年友: 나이에 거리끼지 않고 허물없이 사귄 벗)였던 조희룡은 일찍이 "전기가 그린 산수화는 쓸쓸하면서도 조용하고 간결하면서 담백하여 원대(元代)의 회화를 배우지 않고도 원인(元人)의 신묘한 경지에 도달했다"라고 했다. 하긴 이 그림 왼쪽에 쓰여 있는 "〈계산포무도〉를 이 집에서 벽 하나를 사이에 두고 그렸다. 기유년 7월 2일에 홀로 쓸쓸히 앉아서〔溪山苞茂圖 作於隔壁是室 己酉七月二日 獨坐〕"라고 한 화제를 읽어보면 조희룡의 평이 적절하다 하겠다. 하지만 전기의 이 그림은 살펴볼수록 쓸쓸함이 아니라 오히려 따뜻한 느낌이 감돈다.

그림을 보자. 물가를 굽어보고 산이 우러러보이는 곳에 집 두 채가 있다. 감상하는 순서는 이렇다.

먼저 화면 한가운데를 가로지르며 흐르는 시내〔溪〕를 본다. 그리고 멀리 남산〔山〕을 바라보다가 다시 화면 왼쪽에 자라고 있는 대나무〔苞〕를 본다. 그리고 마지막으로 화면 가장 앞쪽 중

전기, 〈계산포무도〉, 《전기필화첩(田琦筆畵帖)》, 1849, 국립중앙박물관 소장.

앙에 우뚝 선 소나무〔茂〕를 본다. 소나무라고 했지만 〈계산포무
도〉 중앙에 그려진 그림은 아무리 봐도 소나무가 아니라 활엽
수다. 이 또한 상관없다. 전기가 보았던 실재의 풍경에는 소나
무가 없었을지 몰라도 전기의 마음속에는 분명 소나무가 자리
잡고 있었을 것이니.

　눈 밝은 독자는 그림의 제목에 들어가 있는 '계(溪)' 자와 '산
(山)' 자에서 이미 이 그림을 왜 이렇게 읽어야 하는지 눈치챘을
것이다. 그렇다. '계(溪)'는 시내고 '산(山)'은 남산이다. 그리고
'포(苞)'는 대나무가 무리지어 자란다는 뜻이고 무(茂)는 소나무

가 무성하게 자란다는 뜻이다. 저 곳에 집을 지은 이는 누구이며 전기는 왜 이런 그림을 남겼을까? 그 기원을 찾자면 수천 년의 시간을 거슬러 올라가야 한다. 3000년 전의 시를 모아놓은 『시경』에는 「사간(斯干)」이라는 시가 전한다.

가지런한 물가에 아득히 보이는 남산〔秩秩斯干 幽幽南山〕

대나무는 떨기로 자라고 소나무가 무성한 곳〔如竹苞矣 如松茂矣〕

형과 아우가 서로 사랑하니 꾀를 부리지 않네〔兄及弟矣 式相好矣 無相猶矣〕

'질질사간(秩秩斯干)'의 '간(干)'은 시내라는 뜻으로 이 그림 제목의 첫번째 글자 '계(溪)'와 같은 뜻이다. 그리고 다음에 나오는 '유유남산(幽幽南山)'의 '산(山)', 또 '여죽포의(如竹苞矣)'의 '포(苞)', '여송무의(如松茂矣)'의 '무(茂)'를 합치면 '계산포무(溪山苞茂)'가 된다. 『시경』의 시 「사간(斯干)」, 곧 형과 아우가 이웃하며 정겹게 사는 풍경을 그린 것이다. 그러니 〈계산포무도〉는 '그림으로 그린 시(詩)'라 해야 할 것이다. 그림으로 그린 시! 그러고 보니 조희룡 또한 "전기는 그림으로 시(詩)의 경지에 들어갔다"라고 말했다.

전기는 바로 조선 문인화 최고의 걸작으로 손꼽히는 〈세한도〉를 그린 김정희와 이상적 두 사람의 공동 제자이다. 전기는 이상적의 문인으로 있다가 그의 소개로 추사를 만났다. 그러니 김정희의 〈세한도〉와 닮은꼴 그림이 나온 것이 이상할 것 없다.

김정희의 〈세한도〉가 스승과 제자 간의 사랑을 표현했다면, 전기가 그린 〈계산포무도〉가 이야기하고 있는 주제는 형제간의 사랑이다. 전기는 어릴 적부터 병약했고 가난하게 살았지만, 여러 장을 남긴 〈매화초옥도〉에서 우정을 그렸듯이 그림에는 정다운 이야기를 가득 담았다. 〈계산포무도〉는 쓸쓸해 보이지만 사실은 전기의 따뜻한 마음이 보이는 그림이다. (2016. 1. 19.)

유종원과 두보

나는 한시를 읽을 때 첫 구와 마지막 구를 공들여 음미하는 버릇이 있다. 시인의 가장 큰 통찰은 거개가 이 두 구절에서 발휘된다는 사실을 그간의 감상을 통해 알고 있기 때문이다. 이를테면 당나라의 문장가 유종원(柳宗元)의 시「강설(江雪)」은 말구가 뛰어나다.

산이란 산에는 새 한 마리 날지 않고〔千山鳥飛絶〕
길이란 길에는 사람 자취 끊어졌네〔萬逕人蹤滅〕
외로운 배 위 삿갓 쓴 늙은이〔孤舟簑笠翁〕
눈 내리는 강에서 낚시질하네〔獨釣寒江雪〕

이 시를 읽을 때는 모름지기 마지막 구 '독조한강설(獨釣寒江雪)'의 마지막 글자인 눈 설(雪) 자를 마음에 담아내야 한다. 첫 구와 둘째 구를 읽으면서 슬며시 일어나는 의문이 마지막 글자 '설(雪)'에 이르면 별안간 온 천지가 눈에 덮이는 풍경에서 빚어지는 극적인 카타르시스와 함께 해소된다.

그의 또 다른 시 「어옹(漁翁)」에서도 말구는 아니지만, 4행 '애내일성산수록(欸乃一聲山水綠)'의 마지막 글자인 '록(綠)'에 이르러 어둡고 축축하던 세상이 삽시간에 푸른색으로 물든다. 이러하기에 유종원의 시는 모름지기 한 구 한 구 천천히 읽어야 제맛이다. 그렇다고 해서 내가 섣부르게 유종원의 시를 최고로 꼽는 것은 아니다. 두보(杜甫)가 있기 때문이다.

두보의 「춘야희우(春夜喜雨)」는 유종원의 「강설」과 달리 첫 구부터 읽는 이로 하여금 무릎 치고 말을 잊게 한다. 나는 이 시의 첫 구 '호우지시절(好雨知時節)'을 고금을 통틀어 최고의 시구로 손꼽는 데 주저하지 않는다. 좋은 비는 때를 알고 내리나니! 이 얼마나 멋진 구절인가. 여기에 이어지는 다른 시구를 소개하지 않는 까닭은 첫 구의 다섯 글자에 담긴 뜻만으로 자연 사물에 대한 시인의 도저한 상념을 능히 짐작할 수 있기에 차마 다음 구절로 쉽사리 눈길을 옮기지 못해서이다.

두보의 또 다른 시 「춘망(春望)」도 그러하다. 안사의 난 때 두보가 반란군에 포로로 붙잡혀 있을 때 지은 시다. 이 시에서 일단 처음에 나오는 '국파산하재(國破山河在: 나라는 망했으나 산과

강은 그대로이네'와 같은 시구와 마주치면 '성춘초목심(城春草木深)'으로 이어지는 불멸의 명구들이 빛을 잃지는 않더라도 일순 주춤거리며 물러남을 느낀다. 그의 시 「춘야희우」와 「춘망」은 기교라고는 찾아볼 수 없을 정도로 평이한 문장과 단순한 시어로 이루어져 있지만 마치 큰 종소리처럼 여운이 오래도록 사라지지 않는다. 두보가 두보 된 까닭이다. (2018. 1. 28.)

왕안석과 술

송나라 개혁가 왕안석(王安石)은 술을 입에 대지 않았는데 평생의 숙적이었던 사마광도 마찬가지였다. 둘은 같은 시기에 판관으로 유명한 포증(포청천)의 휘하에서 일했는데 하루는 포증이 잔치를 열고 두 사람에게 강권하다시피 하여 술을 마시게 했다. 상관이 따라주는 술인지라 사마광은 할 수 없이 받아 마셨지만 왕안석은 끝내 마시지 않았다. 뜻을 굽히지 않았으니 왕안석이 이긴 것이다.

왕안석은 이백(李白)을 유독 싫어했는데 그의 시 열 구 중 아홉 구가 술 이야기였기 때문이다. 이백의 시 중 압권은 「월하독작(月下獨酌)」이고 그중에서도 압권은 다음 두 구다.

술 마시고 얻은 즐거움을〔但得酒中趣〕

마시지 않은 자에게 말하지 마라〔勿爲醒者傳〕

이백은 누군가 자신의 즐거움을 알아주기를 바라기는커녕 알려주려고도 하지 않았다. 모름지기 참으로 아끼는 것은 혼자 즐기는 법이다. 나는 왕안석이 술맛을 알지 못했던 것을 애석히 여긴다. (2020. 8. 15.)

이름이 전해지는 까닭

고려의 이제현은 이규보 다음가는 문장가로 꼽힌다. 평생 저술한 글이 아주 많았으나 일찍이 "아직까지 선친의 문집도 세상에 나오지 않았는데 더구나 이 못난 자식이 하겠는가?" 하고는 시문(詩文)을 지었다가 즉시 없애버리곤 했지만 그의 문장을 아껴 간직해두었던 사람들이 있어 문집이 지금까지 전한다.

이제현이 세상을 떠난 뒤 자제들이 흩어져 있던 그의 글을 모아 문집을 엮을 때 이색은 이렇게 말했다.

"선생께서 지은 국사(國史)도 병화에 흩어져 없어짐을 면치 못했는데, 더구나 남의 서랍 속에 남아 있는 이 편언척자(片言隻字 : 한두 마디의 짧은 말과 글)야말로 언제 어떻게 될지 알 수 있겠는가? 이 몇 권만이라도 빨리 간행하지 않을 수 없으니 그대들은 힘껏 노력하라."

옛사람들이 책을 펴낸 까닭은 시장에 내다 팔기 위해서가 아니었던 것이다.

문집의 서문을 쓴 이색은 "이름이 전해지고 전해지지 않는 것은 저 벼슬에 있지 않고 이 문장에 있다"라고 했는데 참으로 맞는 말이다. (2018. 8. 22.)

시로 삶을 다독이다

1762년에 태어난 다산 정약용은 젊은 시절 탄탄대로를 걸었다. 스물두 살에 일찌감치 초시에 합격한 뒤, 대과를 준비하기 위해 성균관에 들어갔을 때부터 당시 임금인 정조의 특별한 총애를 입었고, 스물여덟에 대과에 급제한 뒤에는 본격적으로 벼슬길에 나아가 중요한 직책을 거치면서 적지 않은 공을 세워 정조의 측근이 된다.

하지만 1800년 정조가 세상을 떠나면서 모든 것이 달라진다. 다산은 젊은 시절 큰형 정약현의 처남이었던 이벽(李檗)을 따라 천주교를 접한 뒤 『천주실의(天主實義)』와 『칠극대전(七極大全)』 등 관련 서적을 탐독했다. 이벽은 이승훈에게 세례를 받은 천주교 신자였는데 훌륭한 인품과 남다른 식견이 있어서 다산이 평생의 지기로 여겨 마음을 터놓고 교유했던 인물이다. 1785년 이벽이 세상을 떠났을 때도 다산은 학처럼 깨끗한 그를 따오기와 닭들이 시기하고 미워한 결과라며 그의 죽음을 슬퍼하는 시를 지었다.

이처럼 다산은 젊은 시절 천주교에 입문했는데, 훗날 나라에서 금지하자 신해년(1791년) 이후 스스로 그만두었다고 이야기한다. 하지만 이 일로, 정조가 세상을 떠난 이듬해인 1801년에 역적으로 몰려 경상도 장기로 유배된다. 당시 스승이었던 권철신은 천주교를 신봉했다는 이유로 매를 맞아 목숨을 잃었고, 바로 위의 형 정약종은 참수형을 당했으며 둘째 형 정약전 또한 신지도(薪智島)로 유배된다.

장기에 머물던 정약용은 황사영 백서 사건이 일어나 서울로 압송되어 문초를 받게 되었는데 형 약전 또한 신지도에서 불려와 문초를 받는다. 다행히 더 이상의 혐의가 없어 큰 화는 면했지만 두 사람은 각기 더 험한 곳인 강진과 흑산도로 유배지가 바뀌어 함께 귀양길에 오른다. 유배지로 가는 길이 험하고 힘들었지만 정약용은 형 약전과 잠시나마 함께할 수 있어서 가슴 벅찼을 것이다. 그러다 갈림길인 전라도 나주의 율정점(栗亭店)에 이르렀을 때 정약용은 「형님에게 받들어 올린다(奉簡巽菴)」라는 시를 지어 이별의 아픔을 이렇게 노래했다.

살아생전 미운 것이 율정점 앞 두 갈래 길이라네

본래 한 뿌리에서 자랐거늘 낙화처럼 분분히 흩날리네

천지를 넓게 볼 양이면 한 집안 아님이 없건만

좀스레 내 몸만 돌아보니 한없는 슬픔뿐이라

이를테면 정약용은 이런 사람이다. 삶의 중요한 고비마다 시를 지어 슬픔을 다독이고 어려움에 부딪히면 글을 써서 해결책을 모색했다. 예를 들어 여섯 명의 자식들을 홍역과 천연두로 잃은 뒤 『마과회통』을 저술했다. 홍역과 천연두 치료법을 집대성한, 당시까지 알려진 모든 치료법을 망라한 의학서다.

다산은 1801년에 유배되었다가 1818년 쉰일곱에 해배될 때까지 모두 18년간을 유배지에서 보냈고 풀려난 뒤에도 끝내 조정으로 돌아가지 못한다. 세상은 그의 일가를 버린 것이다. 그럼에도 다산은 세상을 바꾸겠다는 뜻을 접지 않았다. 유배지에서 끊임없이 시를 쓰고 저술에 몰두했으며 많은 제자를 양성해 조선을 개혁하려 했다.

한창 경륜을 펼칠 나이에 유배를 당해 이후 현실 정치에 참여할 기회를 영영 빼앗기고 불우한 삶을 살았지만, 자신의 처지를 한탄만 하거나 세상을 원망하면서 세월을 보내진 않았다. 오히려 세상의 낮은 곳을 들여다보았다.

그의 눈에 비친 시대는 어두웠다. 당시 조선은 이미 왕도 정치를 지향하는 나라가 아니었다. 정조가 죽고 세도정치가 시작되면서 특정 집안이 권력을 독점하였고, 이른바 삼정(三政)이 문란해지면서 백성들은 그야말로 도탄에 빠졌다. 게다가 거듭된 흉년으로 백성들은 아무리 부지런히 농사를 지어도 끼니를 잇기 어려웠을 뿐 아니라 나쁜 병마저 퍼져 사람들이 죽어가고, 심지어 자식을 버리는 일까지 도처에서 생겨났다.

이런 시기에 유배지에서 도탄에 빠진 백성들의 삶을 자세히 살피며 함께 겪었던 다산은, 무엇이 원인인지를 생각하고 백성을 구제하기 위해『목민심서』를 비롯한 수많은 책을 썼다. 그러면서, 하소연할 곳 없던 백성들의 고단한 일상을 위로하는 시를 썼다. 그의 시에서 화려한 수사나 기교를 찾기 어려운 까닭은 백성의 삶을 있는 그대로 기록해서이다. (2018. 12. 9.)

첫 문장의 탄식

사마천은 맹자가 양나라 혜왕을 만났을 때 혜왕이 어떻게 우리 나라를 이롭게 해줄 거냐고 묻는 대목에 이르러 매번 책을 덮고 탄식했다고 한다. 그런데 『맹자』의 이 대목은 『맹자』 개권벽두의 첫 문장이기도 하다. 그렇다면 사마천은 『맹자』의 첫 문장을 읽자마자 책을 덮고 탄식했다는 말이 된다.

나도 그런 경험이 꽤 있다. 첫 문장을 읽었는데 마치 책을 모두 읽은 듯 생각에 잠기게 되는 경우다. 이를테면 『순자』의 첫 문장이 그러하다.

"배움은 그만둘 수 없다. 푸른색은 쪽에서 뽑아내지만 쪽보다 푸르고 얼음은 물로 만들어졌지만 물보다 차다."

루소의 『사회계약론』의 첫 문장도 마찬가지다.

"인간은 자유롭게 태어났지만 도처에서 사슬에 묶여 있다. 무엇이 이것을 정당화하는가?"

조세희의 『난장이가 쏘아올린 작은 공』의 첫 문장도 빠트릴 수 없다.

"사람들은 아버지를 난장이라고 불렀다. 사람들은 옳게 보았다. 아버지는 난장이였다. 불행하게도 사람들은 아버지를 보는 것 하나만 옳았다. 그 밖의 것들은 하나도 옳지 않았다."

글을 읽기도 전에 이미 다 읽은 것처럼 느끼게 하는 문장들, 재능으로는 다다를 수 없는 도저한 통찰이 만들어낸 문장이다. (2018. 9. 18.)

시인(詩人)을 존경한다

언젠가 나를 소개하는 글 끄트머리에 "가난한 시인을 존경한다"라고 적었다. 그 무렵 '책읽는사회문화재단'에서 주관하는 시 낭송회에 참석하기 위해 동숭동에 있는 일석기념관에 갔다가 어느 시인을 만났다. 그는 엘리베이터 안에서 내 손을 덥석 붙잡으며 "가난하지 못해 죄송하다"라고 말했다. 그러고는 내가 왜 자신을 멀리하는지 비로소 알았다고 덧붙였다. 나는 농담으로 받아들이며 슬쩍 넘어갔지만 아무래도 내 글이 부담을 준 것만 같아 지금까지 마음 한구석에 미안함이 남아 있다.

나는 늘 시인이 부러웠다. 나도 시를 쓰고 싶었기 때문이다. 그런데 내 깜냥으로는 어떻게 해야 쓸 수 있는지 알 수 없었다. 처음에는 많이 읽다 보면 마침내 쓸 수 있지 않을까 생각했다. 그래서 백석과 윤동주, 김수영과 기형도의 시를 읽고 또 읽었다. 하지만 별 효과가 없었다. 그러고 보니 칠레의 시인 네루다도 시에서 이야기하길, 어느 날 시가 내게로 왔다며, 그것이 어디에서 왔는지 모른다고 하지 않았던가. 대시인조차 시가 어디에서 왔는지 모르겠다고 말한 셈이니 그저 난감하기만 했다.

그러다가 문학평론가 도정일 선생의 글을 읽고 난 뒤 어떻게 해야 시를 쓸 수 있는지 어렴풋하게나마 알게 되었다. 도정일 선생은 시인이 세상을 향해 뭔가 보여주고 싶을 때, 이를테면 나무라든가 구름, 당나귀 같은 것을 보여주고 싶을 때 가장 좋은 방법은 그냥 한 사람의 시인으로 사는 것이라 했다.(『시인은 숲으로 가지 못한다』, 문학동네) 요컨대 시인으로 살면 시를 쓸 수 있다는 것이다. 그래서 소설가, 수필가, 화가는 '가'이되 시를 쓰는 사람만은 '시인'이다. 그가 갖고 있는 재주가 아니라 그냥 온전히 존재 자체가 시인 사람, 시인이라서.

방법을 알았지만 또 다른 어려움에 부딪혔다. 시인으로 사는 것이 어떻게 사는 것인지 시인이 아닌 나로서는 도무지 알 도리가 없었기 때문이다. 그러다가 얼마 전 어느 언론에 보도된 기사를 접하곤 시인의 삶에 대해 알게 되었다. 기사의 제목은 이랬다.

"한국에서 소득 가장 낮은 직업 2위는 수녀, 1위는?"

제목을 보는 순간 기사를 읽지 않고도 답이 무엇인지 직감했다. 아니나 다를까, 기사를 열어 보았더니 가장 가난한 직업은 시인이었다. 기사에 따르면 한국고용정보원이 최근 소득별 직업 순위 정보를 포함한 '2016 한국의 직업 정보' 연구 결과를 발표했는데, 한국에서 가장 가난한 직업은 시인으로, 한 해 평균소득이 542만 원이었다. 그러니까 시인으로 산다는 것은 50만 원에 미치지 못하는 돈으로 한 달을 사는 일, 하루 세 끼 챙겨 먹기에도 벅찬 수입으로 겨울에는 춥게 여름에는 덥게 사는 것이다. 기사를 읽고 나는 깨달았다. 내가 끝내 시를 쓰지 못하리라는 것을.

그날 지리산에서 올라온 박남준 시인은 「마음의 북극성 — 이순」*이라는 시를 낭송했다.

(……)
꼭 그만큼씩 울음을 채워주던 강물이 말라갔다

젊은 날의 나침반이었던 내 마음의 북극성만이 아니다
간밤에 미처 들여놓지 못한 앞 강이
꽁꽁 얼기도 했다
강의 결빙이 햇살에 닿으며 안개 또는 김발로 명명되고

* 박남준, 『중독자』, 필북스, 2015.

가물거리는 아지랑이를 만든다

아 — 아지랑이

어쩌면 치미는 슬픔 같은 먼 봄날의 아지랑이

이렇게나마 겨우 늙었다

강을 건너온 시간이 누군가의 언덕이 되기도 한다

두 귀가 순해질 차례다

두 귀가 순해진다는 시구는 공자의 '이순(耳順)'에서 따온 말일 테지만 이 구절을 읽고 나는 비로소 시인으로 살면 시를 쓰게 된다는 말이 무슨 뜻인지 알게 되었다. 그렇다. 귀가 순해지면 나무들이 말을 하고 시냇물이 소리를 내며 언 강이 녹으며 봄날의 아지랑이가 말을 걸어오는 것이다.

나는 또 네루다가 시가 어디서 왔는지 모르겠다며, 겨울에서 왔는지 강에서 왔는지 언제 어떻게 왔는지 모르겠다고 이야기한 뜻도 알았다. 시는 어느 날 갑자기 찾아오는 것처럼 보이지만 사실은 시인으로 사는 사람에게만 찾아오는 것이다. 겨울과 강, 나무와 풀은 늘 말을 걸어오지만 이를 들을 수 있는 사람은 귀가 순해진 사람, 시인뿐이다. 시인만이 그 말을 들을 수 있는 것이다.

그래서 나는 시인을 존경한다. (2018. 5. 21.《경인일보》)

戰戰兢兢(전전긍긍)

운전면허를 막 따서 초보 운전자였던 시절, 그저 '초보운전'이라고 써 붙이기 싫어서 한자로 '戰戰兢兢(전전긍긍)' 네 글자를 써 붙이고 다녔다.

한자로 썼음에도 효과가 꽤 있었다. 뒤에서 달려오던 차가 속도를 현저하게 줄인 경우가 많았기 때문이다. 하긴 한자를 읽으려면 그렇게 할 수밖에 없었을 것이다. 사람들의 주목 또한 많이 끌었는데 차를 세워놓거나 서행하면 지나가던 사람들이 손가락으로 뒤창을 가리키며 웃기도 하고 서로 이야기를 나누는 장면도 종종 보았다.

한번은 내 차를 탔던 황희경 선생이 뒤창에 붙은 문구를 보고 그 이야기를 『논어』 해설서에 소개한 적도 있다.(지금은 절판되었지만 황희경 선생이 쓰고 시공사에서 출판한 『삶에 집착하는 사람과 함께하는 논어』에 '초보운전' 대신 '전전긍긍'을 써 붙이고 다닌 사람 이야기가 나오는데 주인공이 바로 나다.)

'전전긍긍'은 두려워하고 조심한다는 뜻으로 『시경』과 『논어』에 보인다. 본래 『시경』에서는 위정자를 경계한다는 뜻으로 쓰였지만 이와 달리 『논어』에서는 공자의 제자 증자가 부모를 생각하여 매사에 조심하고 두려워했다는 뜻으로 썼다.

증자는 죽기 전 제자들에게 자신의 손발을 살펴보게 한 뒤 죽게 된 지금에 이르러서야 부모가 물려준 몸을 혹시라도 해칠까 하는 염려에서 벗어나게 되었다고 이야기한다. 그러니까 증자는 부모가 돌아가신 뒤에도 늘 부모를 생각하며 죽을 때까지 몸가짐을 조심한 것이다.

옛사람은 부모 때문에 전전긍긍했는데 지금의 나는 자식 때문에 전전긍긍한다. 아무리 생각해보아도 옛사람만 못하다.

(2019. 10. 19.)

나무 심는 사람

당나라 문장가 유종원이 쓴 「종수곽탁타전(種樹郭橐駝傳)」에 이런 이야기가 전한다. 곽탁타는 등이 굽었고 사람들은 그런 그를 낙타라고 불렀다. 그는 자기에게 꼭 맞는 별명이라 여겨 <u>스스로</u> 낙타라고 불렀다. 그래서 이름이 탁타(橐駝: 낙타)가 되었다.

그는 나무 심는 일을 했는데 그가 심은 나무는 어떤 종류든 잘 자랐다. 장안의 부자들은 다투어 그에게 나무 심는 일을 맡겼는데 그가 심은 나무는 죽는 법이 없었고 무성히 잘 자라 열매가 많이 달렸다. 어떤 사람이 비결을 묻자 그는 이렇게 대답했다.

"내가 나무를 잘 자라게 할 수 있는 것이 아니라 나무가 본성에 따라 자랄 수 있게 할 따름입니다."

사람들은 그가 나무를 잘 자라게 하는 데 환호하며 비결을 궁금해했지만 나는 오히려 그가 자신을 잘 돌볼 수 있었던 비결이 궁금하다.

　나는 그가 자신의 정원에 무엇을 심었는지 알지 못한다. 다만 자신을 낙타라고 부르는 사람들을 미워하지 않은 것으로 보아 마음속에 증오를 심지 않았다는 것만은 분명히 알겠다. 그는 나무를 잘 돌보았을 뿐 아니라 자신 또한 잘 돌본 사람이다.

(2020. 10. 25.)

혜월 스님

혜월(慧月)은 조선 말기 희미해져가던 선불교의 불씨를 다시 지펴 한국의 근대 불교를 중흥한 경허(鏡虛)의 제자다. 그는 열한 살 때 예산 정혜사에서 출가한 뒤 천장암에 은거하던 경허로부터 지눌의 『수심결』을 배우며 글공부와 수행을 시작한 이래 평생 무소유의 삶을 실천하며 살았다.

혜월은 가는 곳마다 토지를 개간하여 밭을 일궈 농사를 지으며 불법(佛法)을 폈다. 부산 선암사의 주지로 있을 때는 절이 소유한 논 다섯 마지기를 팔아 일꾼을 사서 밭을 일구었는데 자갈이 많아 겨우 세 마지기를 개간했을 뿐이다. 그걸 본 제자들이 어리석은 일이라며 불만을 토로하자 그는 이렇게 말했다.

"처음 논 다섯 마지기는 그대로 있고 자갈밭 세 마지기까지 생겼으니 좋은 일 아니냐."

내원사에 있을 때도 비슷한 일이 있었다. 그가 여러 해에 걸쳐 황무지를 개간하여 논으로 만들었는데 동네 사람이 팔라고 하자 열 마지기를 여섯 마지기 값만 받고 내주고 말았다. 다른 스님들이 그의 처사를 못마땅해하며 질책하자 이렇게 말했다.

"논 열 마지기는 저기 그대로 있는데 여기 여섯 마지기 값을 받아 왔으니 논이 늘어난 셈 아니냐."

그의 계산법은 속세와 달라도 너무도 달랐다. 온 세상을 자신의 집으로 여기고 모든 중생을 자신의 몸으로 여기는 혜월에게 논은 어디에 있든 누가 갈든 사라지지 않고 그대로 있기에 누구도 빼앗아 갈 수 없는 것이었다. 그의 삶은 무소유 그 자체였다. 가진 것이라곤 가사와 발우뿐이었고 잠을 잘 때도 맨바닥에서 잤으며, 길을 가다가 사정이 딱한 사람을 보면 가진 것을 모조리 보시했다.

그가 정혜사에 있을 때의 일이다. 한밤중에 도둑이 들었다. 도둑은 쌀가마니를 지게에 싣고 일어서려 했지만 너무 무거워서 쩔쩔매고 있었다. 그때 뒤에서 누군가 지게를 받쳐주었다. 도둑이 기겁해서 돌아보자 혜월은 손가락을 입술에 대며 이렇게 말했다.

"쉿! 조용히. 조심조심 잘 가져가게. 그리고 먹을 것이 떨어지면 또 오시게."

가는 곳마다 밤낮으로 논을 일구고 밭을 갈며 부지런히 농사를 지어 보리행을 실천하던 그에게는 도둑도 똑같이 봉양해야 할 중생의 한 사람이었을 뿐이다. 1937년의 어느 날 혜월은 수행하던 선암사 안양암 아래서 소나무 가지를 잡고 선 채 입적했다. 일흔여섯 살이었다. (2018. 8. 25.)

너희는 대학에 가지 마라

다석 유영모는 열다섯 살이 되던 1905년 김정식의 인도로 연동교회에 나가기 시작했는데 몇 달이 안 되어 그만두었다. 목사의 설교가 마음에 들지 않았기 때문이다. 명동성당도 들락거렸지만 같은 이유로 그만두었다. 그는 이렇게 말했다.

"예수님은 참 좋지만 교회는 꼴도 보기 싫다. 그렇다면 혼자 믿을 수밖에 없다."

유영모는 그렇게 무교회의 길을 가게 되었다.

유영모는 스물다섯 살에 김효정과 결혼하여 의상, 자상, 각상 등 아들 셋과 고명딸 월상을 얻었다. 아들들이 성장하여 대학에 들어가려 하자 유영모는 이렇게 말했다.

"너희는 대학에 가지 마라. 대학에 가면 높은 자리에 올라 낮은 사람들을 핍박하기 쉽다."

이후 큰아들과 셋째는 아버지 말을 듣지 않고 미국과 일본으로 달아나버렸지만 둘째 아들 자상은 화전을 일구고 농사를 지으며 살았다. 현재 유영모의 묘소가 있는 강원도 평창군 방림면 계촌리는 바로 둘째 아들 유자상이 농사짓고 살던 곳이다.

무위당학교 생명사상 포럼에서 강연하는 정양모 신부님의 말씀 중에 나오는 이야기다. 정양모 신부님은 여든이 넘으셨지만 청년이신 분이다. 말씀을 듣고 있자니 다석 유영모를 눈앞에서 보고 있는 느낌이 든다. (2019. 10. 10.)

〈보리밭〉

어느 음반 회사 사장이 돈 보따리를 들고 〈보리밭〉의 작곡가 윤용하를 찾아가 대중가요를 작곡해달라고 부탁했다가 따귀를 맞고 돌아왔다는 이야기를 들은 적이 있다. 순수 음악을 하는 그에게 통속 음악을 작곡해달라는 요구가 모욕으로 받아들여졌기 때문이라 한다.

여기서 순수라는 말에 진저리칠 사람이 많겠지만 나는 이 말이 예술의 목적을 돌아보게 한다는 점에서 한 번쯤은 곱씹어볼 만하다고 본다. 그러므로 대중가요를 작곡해달라는 요구가 어떻게 모욕이 될 수 있느냐는 상투적인 반문으로는 윤용하의 심정을 이해할 수 없다.

황해도 출신인 윤용하는 한국전쟁 당시 부산에서 고향 후배 박화목을 만나 〈보리밭〉을 함께 만들었다. 그러니까 〈보리밭〉은 두 사람의 고달픈 피난살이 한가운데서 탄생한 것이다. 박화목이 쓴 시의 본래 제목은 '옛 생각'이었는데 윤용하가 '보리밭'으로 고쳤다고 한다.

이 곡을 듣게 되면 보리밭에 관한 추억이 없는 사람이라도 누구나 생각에 잠기게 된다. 그러니 이 곡은 아무리 잘 불러도 환호성을 들을 수 없다. 고향을 두고 떠나온 사람들의 그리움은 환호하는 감정과는 거리가 멀기 때문이다.

나는 윤용하의 순수는 돈에 마음을 빼앗기지 않은 순수라고 생각한다. 그가 대중가요에 편견을 가졌던 점은 아쉬운 일이지만 대중가요를 작곡하지 않았던 것은 우리에게 행운이다. 만약 그가 대중가요를 지었다면 〈보리밭〉 같은 곡은 세상에 나오지 못했을 것이다.

오늘 〈보리밭〉을 들으며 고향에 가지 못한 아쉬움을 달랬다.

그런데 막상 〈보리밭〉이 세간에 널리 알려지게 된 것은 이 곡을 조영남이나 문정선 같은 대중 가수가 부르면서부터라 하니 아이러니한 일이다. (2020. 10. 3)

글보다 아름다운 것

기차를 타고 대구의 무위당학교에 강연 가는 길, 쉼보르스카의 『읽거나 말거나』를 들고 나왔다. 펼친 대목은 2차대전 당시 프랑스의 외교관으로 영국에 파견되었던 알베르 코엔이 지은 『내 어머니의 책』에 대한 이야기이다. 지은이가 영국에 머물던 중 프랑스에서 유대인이라는 이유로 박해받다가 외롭게 세상을 떠난 어머니를 기리기 위해 지은 책으로 가장 가까운 사람을 잃은 사람의 절절한 아픔이 기록되어 있다.

코엔은 이렇게 썼다. 병들고, 못생기고, 지체장애인인 로미오를 사랑할 수 있는 줄리엣은 세상에 없다. 이런 로미오를 사랑하는 것은 오로지 그의 어머니뿐이라고.

쉼보르스카는 이 대목에 눈길이 머물렀지만 섣불리 동의하지는 않는다. 오히려 지은이가 모성애를 다른 모든 종류의 사랑보다 우위에 놓음으로써 다른 사랑이 가진 고유한 아름다움과 가치를 부정해버렸다고 비판하고 있다.

이어 고아원에 진정한 의미의 고아는 거의 없다는 사실을 지적하며 자식을 버린 어머니들의 존재를 상기시킴으로써 모성애의 완전성을 부정하고 있다.(물론 쉼보르스카는 그것이 그들의 잘못이라고 단죄하지 않는다.)

하지만 그녀는 이 논쟁을 끝까지 이어가지는 않는다. 이토록 가슴 아픈 책을 두고 그런 논쟁을 벌이는 것은 의미가 없다는 말과 함께.

쉼보르스카의 글은 아름답다. 하지만 더 아름다운 건 그녀가 펜을 내려놓는 마음이다. (2019. 1. 24.)

〈미안해요 리키〉

택배 기사 리키의 삶은 성실 그 자체다. 그는 오줌 누러 갈 시간을 아끼기 위해 차량에 오줌통을 싣고 다닐 정도다. 그에게는 그와 마찬가지로 자신의 일에 누구보다 충실한 아내가 있다. 두 사람은 자신과 가족을 위해 최선을 다해 일하지만 그들의 미래는 보이지 않는다.

'당신은 우리를 위해 일하는 것이 아니라 우리와 함께 일하는 것'이라는 허울 좋은 말로 회사의 책임을 개인에게 전가하는 기업, 택배를 수령하며 사인을 거부하는 진상 고객, 끝없이 막히는 도로, 잘못 기입된 주소, 그리고 강도…….

이 영화의 경우 어떤 리뷰도 스포일러가 될 수 없다. 영화가 앞이 보이지 않는 현실을 있는 그대로 옮기고 있기 때문이다.

감독 켄 로치는 조금도 물러서지 않고 우리가 외면하고 싶은 진실, 절망의 서사를 끝까지 담담하게 풀어낸다. 우리가 거장에

게 경의를 바치는 이유는 아무도 들어주지 않는 이야기를 누군
가 들을 때까지 멈추지 않고 말하기 때문이다. (2020. 2. 11.)

비대면의 대면

왕휘지(王徽之)는 왕희지의 다섯째 아들로 아버지와 함께 서법
으로 유명한 동진 시대의 예술가다.

그가 회계의 산음에 살 때 하루는 밤중에 내리던 눈이 막 그
치자 창을 열고 술을 마시다가 문득 친구 대규(戴逵)가 보고 싶
어졌다. 그는 즉시 배를 타고 대규가 있는 섬계(剡溪)까지 찾아
갔다. 하지만 그는 대규의 집 문 앞까지 갔다가 배를 돌려 다시
돌아왔다. 사람들이 그 까닭을 묻자 그는 이렇게 대답했다.

"흥이 나서 갔고, 흥이 다해 돌아왔을 뿐이니 어찌 꼭 그를
만나야만 하겠는가."

「진서왕휘지전(晋書王徽之傳)」에 전하는 이야기다. 이른바 섬
계회도(剡溪回棹: 섬계에서 배를 돌리다)란 말이 여기서 나왔다. 이
이야기에서 보듯 고인들은 진실로 만나지 않아도 만난 것과 같
은 우정을 나누었던 것이다.

코로나19 바이러스가 창궐하는 이 엄혹한 시절에 누군들 만나고 싶은 벗이 없겠는가마는 집 앞까지 갔다가 돌아올 줄 아는 우정이 있다면 꼭 만나지 않아도 만난 것과 진배없을 것이다. 오늘 밤엔 친구에게 편지를 써야겠다. (2020. 8. 31.)

6부 ──────────── **부끄러움에 관하여**

부끄러움에 관하여

『논어』「헌문」편은 공자의 제자 원헌(原憲)이 공자에게 묻는 말로 시작하기 때문에 '헌문(憲問: 원헌이 물었다)'이라는 제목이 붙었다. 그는 평생 동안 부끄러움이 무엇인지 고민했던 제자다. 한번은 스승에게 이렇게 여쭈었다.

"어떤 것이 부끄러운 일입니까?"

"나라에 도가 있을 때 하는 일 없이 녹만 축내거나, 나라가 무도할 때 녹을 받아먹는 것이 부끄러운 일이지."

무도한 나라에서 녹을 받아먹는 것이 부끄러운 일이라는 것쯤이야 누가 모르겠는가. 하지만 나라에 도가 있다 하더라도 녹만 받아먹고 하는 일이 없다면 이 또한 부끄러운 일이라고 일러준 것이다. 그래서인가 원헌은 스승이 벼슬할 때 준 녹봉을 사양한 적이 있다.

"원헌이 고을의 원이 되었는데 선생께서 900말의 곡식을 녹봉으로 주었다. 원헌이 사양하자 선생께서 '사양하지 마라. 많으면 그것을 너의 이웃에 나누어 주라' 하셨다."

'많으면 나누어 주라'는 간단한 처방은 공자가 이 소심한 제자를 위해 일러준 최선의 가르침이었으리라. 이렇듯 그는 정당한 녹봉을 사양할 만큼 청렴하면서도 소심한 인물이었다. 자신도 그런 성격을 잘 알고 있었던 듯하다. 「헌문」 편에는 그가 이렇게 묻는 대목이 있다.

"이기려 하고, 자랑하려 하고, 남을 탓하고, 욕심 부리는 일, 이 네 가지를 하지 않으면 인(仁)하다고 이를 만합니까?"

"어려운 일이라 할 만하지만 인(仁)한지는 내 모르겠다."

자신의 욕망을 다스리는 것만으로는 인(仁)이라 할 수 없음을 일러주는데, 원헌이 네 가지 욕망을 다스리는 수준에 도달했음을 엿볼 수 있는 대목이다. 공자는 원헌이 그 정도에 머물지 않고 더 나아가 인에 도달하기를 바랐던 모양이다. 하지만 원헌은 공자가 세상을 떠나자 벼슬을 던지고 초야에 묻힌다. 한때 고을을 다스렸던 이가 스승이 세상을 떠나자 은거한 것을 보면 공자가 없는 세상은 더 이상 살 만한 세상이 아니었나 보다. 『사기』「중니제자열전」에는 이렇게 쓰여 있다.

공자가 세상을 떠난 뒤 원헌은 마침내 도망하여 늪지대가 있는 곳에 은거했다. 어느 땐가 출세한 동문 자공이 위나라의 재상이 되어 화려한 수레를 타고 원헌의 집을 찾았다. 자공이 키보다 높은 잡초를 헤치며 아무도 찾는 이 없는 문으로 들어가 원헌을 만났는데, 원헌은 해진 의관을 갖추고 자공을 맞이했다. 자공이 그 모습을 보고 부끄럽게 여겨 이렇게 말했다.

"선생께서는 아마도 병에 걸리신 모양입니다."

원헌은 이렇게 대답했다.

"나는 재물이 없는 것을 가난이라 일컫고 도리를 배우고서도 실행하지 못하는 것을 병들었다 한다고 들었습니다. 지금 나는 가난한 것이지 병든 것이 아닙니다."

이 말을 들은 자공은 아무 말도 못 하고 떠났다.

이후 자공은 이날의 말실수를 죽을 때까지 부끄러워했다고 한다. 무엇이 부끄러운 일인지 알았기 때문이다. (2016. 2. 15.)

죽음에 관하여

권위 있는 베르그송 평전의 저자로 유명한 블라디미르 장켈레비치는 『죽음』이라는 책에서 죽음을 세 가지로 분류했다.

첫째가 1인칭 죽음이다. 1인칭 죽음은 '나의 죽음'으로, 경험할 수 없는 죽음, 수수께끼 같은 죽음이다. 죽음을 경험해본 사람은 없기 때문이다. 둘째는 3인칭 죽음이다. 3인칭 죽음은 '그의 죽음', 곧 나와 직접 상관이 없는 타인의 죽음이다. 그의 죽음도 우리의 삶에 영향을 미치지만 그가 맡았던 기능이나 역할을 다른 사람이 대신하면 극복될 수 있다.

마지막으로 2인칭 죽음이 있다. 2인칭 죽음은 '너의 죽음'이다. 2인칭 죽음도 어디까지나 타인의 죽음이지만, 한쪽 팔이 잘려 나간 듯이 아파하거나 망연자실하게 하는 죽음이다. 너로 지칭되는 사랑하는 사람은 다른 사람이 대체할 수 없기 때문이다. 장켈레비치는 "우리는 2인칭 죽음을 겪을 때 비로소 죽음을 이해하고 감각적으로 받아들이게 된다"라고 했다. 그는 "죽지 않는 것은 살아 있지도 않다"라는 말을 통해 죽음의 절대성 앞에서 삶의 의미를 묻게 한다. 이런 점에서 그의 이야기는 죽음에 대한 공자의 태도와 닮았다.

공자는, 도를 듣는다면 죽음 또한 기꺼이 받아들일 수 있다고 했지만 막상 죽음에 대해 말한 적은 거의 없다. 공자의 제자 중 죽음에 관해 질문했던 사람은 오직 자로뿐이었고 그의 질문에 공자는 흡족한 대답을 내놓지 않았다. 그래서 흔히 공자는 죽음에 관해 말하지 않았으며 삶에 집중하는 태도를 지녔다고 평가한다. 하지만 바로 그런 모습에서 죽음에 관한 공자의 독특한 관점을 엿볼 수 있다. 확실히 그에게 삶은 죽음보다 무거운 것이었다. 그가 일생 동안 추구했던 인간다운 삶, 곧 인(仁)은 목숨을 던져서라도 이루어야 할 만큼 가치 있는 것이었다.

하지만 삶을 중시했다고 해서 죽음을 가볍게 받아들였다고 말할 수는 없다.

『논어』에는 세 번의 죽음이 나온다. 그중 두 번의 죽음은 공자가 경험한 제자의 죽음이다. 덕행에 뛰어났던 제자 염백우가 병에 걸려 죽게 되자 공자는 "이런 사람이 이런 병에 걸리다니! 이런 사람이 이런 병에 걸리다니!" 하고 두 번 외치면서 그의 죽음을 애석하게 여겼다. 제자의 죽음 앞에서 공자는 어떤 기적도 보여주지 못한다. 그저 창문을 통해 제자의 손을 잡고 슬퍼할 뿐이다. 염백우의 죽음 앞에 선 공자는 2인칭 죽음 앞에서 슬퍼하는 여느 인간의 모습과 다르지 않다.

제자 안연의 죽음에 이르러서는 공자의 슬픔이 더욱 깊게 드러난다. 공자는 평생 동안 중용의 삶을 실천했던 사람이며 그런 점은 감성적 차원에서도 다르지 않았다. 중용이란 더도 덜도 말고 꼭 맞게 행동하는 것이다. 슬픔이나 기쁨 따위의 감정을 표출할 때도 마찬가지다. "즐거워하되 지나치지 않고 슬퍼하되 몸을 해치지 않는다〔樂而不淫 哀而不傷〕"라고 한 말도 마땅히 즐거워하고 마땅히 슬퍼할 때라도 그런 감정이 지나쳐서는 안 된다는 뜻이다. 예를 중시한 것도 중용의 덕목을 실천하기 위해서였다. 사치스럽거나 검박한 것은 모두 예가 아니다. 그래서 사람이 죽으면 예에 맞게 곡(哭)하고 읍(泣)한다. 그런데 이런 공자를 완전히 무너뜨린 것이 사랑하던 제자 안연의 죽음이었다.

가장 사랑했던 제자 안연이 죽자 공자는 "하늘이 나를 버렸다. 하늘이 나를 버렸다"라고 거듭 외치면서 하늘까지 원망하는가 하면 통곡을 하며 절망하는 모습을 보인다. 스스로 "하늘을 원망하지 않고 사람을 탓하지 않는다"라고 말했던 공자가 아닌가. 제자들이 지나치게 애통해한다며 스승을 말리자 공자는 이렇게 말했다.

"대체 저 사람을 위해서 애통해하지 않으면 누구를 위해서 애통해한단 말이냐?"

안연의 죽음에 통곡하는 모습에서 무엇으로도 대체할 수 없는 고통과 진한 슬픔을 엿볼 수 있다. 이처럼 공자에게 죽음은 분석이나 성찰의 대상이라기보다 피할 수 없는 운명과도 같은 것으로 근본적으로 한 인간이 극복할 수 없는 사태로 다가온다.

그 때문에 공자는 상을 당한 사람 곁에서는 배불리 먹지 않았고 곡한 날에는 노래도 부르지 않았다. 또 상복을 입은 사람을 보면 비록 나이 어린 사람이라 하더라도 반드시 자리에서 일어나 예를 갖추었다. 슬픔에 빠진 사람을 지극하게 배려한 것이다. 공자의 가르침을 따르는 이들이 죽은 이의 장례를 오랜 시간 후하게 치르는 것에는 다 이유가 있다. 죽은 이를 전송하는 절차를 통해 슬픔 속에서도 관계를 맺고 살아가는 인간의 참모습이 드러난다고 생각해서이다. (2016. 1. 16.)

희망에 관하여

루마니아의 작가 헤르타 밀러의 「손수건」에는 친구였던 시인 오스카 파스티오르가 구소련의 강제노동수용소로 추방당했을 때의 체험담이 소개되어 있다.

파스티오르가 거의 굶어 죽게 된 상태에서 어느 늙은 여인이 사는 집 문을 두드리자 여인은 그를 들어오게 한 뒤 이렇게 말했다고 한다.

"운이 좋으면 당신도 곧 집으로 돌아갈 수 있고, 우리 아들도 곧 집으로 돌아올 수 있을 테지요."

여인의 아들은 그와 같은 나이였고, 파스티오르처럼 멀리 떠나 있었던 것이다. 늙은 어머니는 그에게 뜨거운 수프를 내주었다. 그가 접시에 콧물을 흘리자 그녀는 아무도 사용한 적 없는 흰색 아마포 손수건을 내놓는다. 고운 망사로 테를 두르고 섬세한 사슬뜨기로 장식하고 명주실로 장미꽃을 수놓은 아름다운 손수건이었다.

파스티오르는 손수건이 자신을 부둥켜안는다고 느꼈지만 동시에 자존감이 다치는 느낌이 들었다고 한다. 아름다운 손수건은 분명 그를 위로했지만 다른 한편으로 그의 참담한 처지를 가늠하게 했기 때문이다.

여인은 왜 낯선 남자, 그것도 더러운 걸인을 집으로 들여 수프를 주고 가장 깨끗하고 아름다운 손수건을 건넸을까? 그녀에게 파스티오르는 길 잃은 아들과 같은 존재로 다가왔을 것이다. 그녀의 아들 또한 어딘가에서 누군가의 문을 두드리고 있을지 모른다. 만약 그녀가 파스티오르를 환대하지 않는다면 멀리 떨어져 있는 아들 또한 누군가의 환대를 받으리라는 희망을 접어야 할 것이다. 그러니 그녀의 손수건은 낯선 걸인을 감싸 안을 뿐만이 아니라 아들의 희망을 부여잡은 것이기도 하다.

적어도 우리가 누군가를 돕는 한 희망을 버리지 않아도 되리라. 우리가 누군가를 돕는 일은 우리의 희망을 붙잡는 일이기도 하니. (2017. 8. 31.)

쓸모없는 것에 관하여

에드워드 윌슨의 『통섭』에는 인간이 어떻게 과학 지식을 축적할 수 있게 되었는지를 고찰한 흥미로운 내용이 소개되어 있다.

지구상의 다양한 생명체들은 저마다 니치(서식처)를 가지고 있다. 진화생물학에 따르면 각 생명체들은 자신의 니치에 맞게 진화한다. 그러니까 니치에서 자신들의 적응도를 극대화하는 선까지만 진화한다는 말이다. 이것은 개별 종이 저마다 고유한 감각 세계 속에서 살고 있다는 뜻이다. 물고기에게 날개가 없고 새에게 아가미가 없는 까닭은 자신들의 니치에서 생존하는 데 쓸모가 없어서이다.

그런데 오직 인간만은 자신의 니치를 넘어 사유한다. 윌슨에 따르면 인류가 진화의 투기장에서 살아남을 수 있게 된 것은 인간이 가진 창조성과 끝없는 호기심 때문이다. 그 결과 인간은 물 밖에서 물속을 사유하고 지구 안에서 지구 밖을 사유한다.

이런 사유는 생존의 필요를 넘어설 뿐 아니라 생존에 도움이 되는 일이 아니다. 생각해보라. 허블망원경으로 우주의 끝을 바라보는 일이 도대체 인간의 생존과 무슨 상관이 있단 말인가?

자신의 생존과는 아무런 상관이 없는 영역에 대한 지적 호기심, 다시 말하면 쓸모없는 것들에 대한 지적 탐구가 오늘의 인간을 지구의 정복자가 되게 한 것이다. 이는 윌슨이 이야기하는 진화생물학의 주장과는 완전히 다른 결론이다. 왜냐하면 진화생물학에서는 인간이 자신의 니치, 곧 생존과 무관한 영역에 지적 호기심을 품는 이유를 전혀 찾을 수 없기 때문이다.

책을 덮으며 아나톨 프랑스의 명구를 떠올려본다.

"베르제 선생의 강아지는 하늘을 쳐다보지 않는다. 먹을 수 있는 것이 아니기 때문이다." (2017. 9. 16.)

떨림에 관하어

한 학생이 발표를 했다

중간 중간 숨을 몰아쉬며 떨었다

보고 있는 나도, 다른 학생들과 함께 떨었다

오랜만에 보는 장면이었다

민영규 선생은 말했다

지남철이 떠는 이유는

올바른 방향을 가리키기 위해서라고

떨지 않는 지남철은

버려야 한다고

손이 떨린다

목소리가 떨린다

그렇지

진심을 고백하면 떨리는 법이다 (2017. 9. 20.)

친절에 관하어

얼마 전 꽤 먼 곳에 강의하러 갔을 때의 일이다. 역 앞에 줄지어 있는 택시를 탔는데 택시 기사가 내가 말한 행선지를 모르겠다고 한다. 분명히 알 수 있게 장소를 일러주고 번지수까지 말해주었는데도 모르겠단다. 나는 불친절한 택시 기사를 만났던 것이다. 할 수 없이 뒤에 있던 다른 택시로 갈아탔다.

바꿔 탄 택시의 기사는 친절했다. 앞 택시 이야기를 했더니 목적지가 5분도 안 걸리는 가까운 거리라 가지 않으려고 한 것 같다며 혀를 찼다. 그러고는 요즘은 그런 식으로 일하면 생존하기 어렵다는 말을 덧붙였다. 맞는 말이다. 가만히 생각해보니 요즘은 어딜 가나 불친절한 사람을 만나기가 어렵다.

이상한 일이다. 예전에는 불친절한 사람도 있었고 친절한 사람도 있었던 것 같은데, 언제부턴가 거의 모든 사람이 친절해졌다. 어떻게 이런 일이 가능할까? 설마하니 예전에 불친절했던 사람들이 모두 친절한 사람으로 바뀌었단 말인가? 이런 일이 그렇게 쉽게 될 리 없지 않은가. 그렇다면 친절했던 택시 기사의 말처럼 친절하지 않으면 생존할 수 없기에 사람들이 억지로 친절해졌을 수도 있겠다 싶다.

이렇게 생각하니 사람들이 친절해진 것을 마냥 좋게 받아들일 수만은 없다. 이를테면 나는 친절한 사람인가? 아무리 생각해도 친절한 사람이 아니다. 그럼 나 또한 이 사회에서 생존할 가능성이 그만큼 떨어질 터다. 나는 생존의 위협을 느끼면서 살아가고 있는 것이다.

세상에는 친절한 사람도 있고 불친절한 사람도 있다. 같은 사람이라도 어느 때는 친절하고 어느 때는 불친절할 수 있다. 그런데 모든 사람이 늘 친절하다면 그런 세상은 겉으로야 좋아 보일지 몰라도 실은 진심 어린 친절을 기대하기 어려운 끔찍한 세상일 수 있다. 우리는 미스터리 쇼퍼(손님을 가장해 매장을 방문해서 서비스를 평가하는 사람)를 고용하거나 카메라를 설치해 노동자의 친절도를 감시하는 사회에 살고 있으니까.

그런 점에서 나는 친절하지 않으면 생존할 수 없는 구조를 만드는 데 반대한다. 부디 어제 만난 불친절한 택시 기사가 우리 사회에서 잘 생존하기를 바란다. 그래야 나도 살 수 있을 테니 말이다. (2017. 9. 24.)

숭고함에 관하여

영화 〈세상의 모든 아침〉은 프랑스의 작곡가 마랭 마레의 스승 생트 콜롱브에 관한 이야기를 소재로 삼았다. 마레는 "그런 스승이 계셨다"라는 말로 이야기를 시작한다.

어느 날 비올 연주가였던 콜롱브에게 궁정악사가 찾아온다. 그는 왕이 콜롱브의 연주를 듣고 싶어 한다고, 부와 명예가 보장돼 있다며 함께 궁전으로 가자고 한다. 콜롱브는 이렇게 말하며 거절한다.

"나는 지금 이대로가 좋소. 내 궁전에는 야생화가 가득하오. 왕의 궁전에 나 같은 자는 필요 없소."

안달이 난 왕이 대신과 신부를 보내 다시 초청하자 그는 이렇게 말한다.

"난 자연이 좋소. 화려한 가발보다 누더기가 좋고 내 가축이 당신보다 좋소. 궁전도 오두막만 못 하고 청중도 필요 없소."

왕은 그 말이 마음에 들었다고 한다. 나 또한 영화를 본 지가 20년도 더 지났는데 아직도 저 말이 마음 한구석에 남아 있다. 특히 청중도 필요 없다는 말에서 '숭고(崇高)'라는 단어를 떠올렸다.

숭고함에 관한 이런 서사는 사실 전혀 새로운 것이 아니다. 자신이 추구하는 가치를 구현하려고 부와 명예, 권력을 헌신짝처럼 던져버린 이야기들은 동서고금에 널리고 널렸다. 그렇다면 진부하게 여겨질 법도 한데 전혀 그렇지 않은 까닭이 무엇일까? 이유는 간단하다. 동일 서사가 반복되는 것은 결국 그런 이야기가 매우 드물고 귀하다는 말이다.

'그런 스승이 있었다'는 마레의 말 또한 지금 이 세상에는 그런 스승이 없다는 말과 다르지 않다. 예나 지금이나 세상은 속되다. 그래서 숭고함의 서사는 아무리 반복해도 진부하지 않은 것이다. 세상의 모든 아침이 다시 오지 않듯이 숭고함은 매일 반복된다 해도 늘 새롭게 느껴지는 것이다.

영화 대사 중 기억에 남는 대목을 적어본다.

연주는 잘 하지만 음악은 느낄 수 없다. 음악으로 밥벌이는 하겠어. 그래도 음악가는 아냐. 고통에 찬 네 목소리 때문에 제자로 받아들여주마. 잔재주 때문이 아니라.(콜롱브가 마레의 연주

를 듣고 난 뒤 제자로 받아들이면서 한 말)

음악은 왕을 위한 것도 아니고 부나 명예를 위한 것도 아니다. 음악은 죽은 자를 위한, 지친 자의 휴식을 위한, 길 잃은 아이를 위한 것이다.(마레가 전하는, 콜롱브의 처음이자 마지막 가르침)

(2017. 10. 29.)

아픔에 관하여

석가모니가 오랜 수행 끝에 보리수 아래서 깨달음을 얻은 뒤 제자들에게 처음으로 전한 가르침이 초전법륜(初轉法輪)이다. 초전법륜은 법의 수레바퀴를 처음 굴렸다는 뜻으로 이른바 고집멸도(苦集滅道)의 네 가지 가르침, 곧 사제(四諦)를 말한다.

첫째 가르침인 고제(苦諦)는 삶이 고(苦)라는 깨달음에 이르는 것이다. 고(苦)는 아픔이다. 둘째 가르침인 집제(集諦)는 아픔의 원인이 어디에 있는지 아는 것이다. 그리고 멸제(滅諦)는 아픔을 남김없이 없앨 때 열반에 이른다는 가르침이며 마지막 도제(道諦)는 아픔을 없애는 수행 방법 여덟 가지를 말한다.

네 가지 중에서 가장 중요한 가르침은 두말할 것 없이 고제(苦諦)다. 왜냐하면 나머지 세 가지 가르침은 모두 첫째 깨달음에 따른 처방이기 때문이다. 만약 삶이 아픔이라는 데 동의하지 않으면 나머지 가르침은 붙을 곳이 없어지고 만다. 그러니까 석가모니의 설법 중에서 가장 중요한 가르침이 삶이 고(苦)임을 깨치는 일이다. 삶의 본질이 고(苦)라는 말은 달리 보면 아픔이야말로 삶을 확인해주는 가장 중요한 지표라는 뜻이기도 하다.

아픔보다 분명하게 내가 살아 있다는 사실을 깨우쳐주는 것은 없다. 오늘 나는 힘들이지 않고 이 진리를 깨쳤다. 치과에 갔다 왔기 때문이다. (2017. 11. 6.)

느림에 관하여

늘 느끼는 바이지만 세상이 너무 빠르다. 오늘 아침만 해도 뒤에서 바짝 다가오는 차량 때문에 할 수 없이 내 차의 속도를 올렸다. 이런 일은 내가 어쩔 수 없다. 하지만 내가 속도를 조절할 수 있는 일이라면 가능하면 느리게 하려고 한다. 강의도 그렇다. 가능하면 강의실에 몇 분이라도 늦게 들어가려고 애쓴다. 절대 강의하기 싫어서 그러는 것이 아니다. 그런데 그렇게 하기가 쉽지 않다. 요즘은 강의 시작 시간이 1분만 지나도 휴게실에 남아 있는 선생님이 한 분도 보이지 않고, 옛날엔 법정 공휴일이 되면 당연히 휴강했지만 요즘은 보강을 하라 마라 참견이 심하다. 이러니 나만 홀로 늦게 들어가거나 휴강하기가 쉽지 않다.

점심을 먹고 카페에서 커피를 한 잔 하고 있는데 구노의 〈아베마리아〉가 흘러나온다. 가을에 듣기 딱 좋은 곡이다. 그런데 연주 속도가 너무 빠르다. 성모 마리아가 무슨 급한 일이 있어 황급히 달려가는 느낌이다. 도대체 왜 저런 속도로 연주하는지 알다가도 모를 일이다. 요즘의 유명 연주자들은 자신이 얼마나 빠른 속도로 연주할 수 있는지 보여주기라도 하듯 속도로 승부하는 경향이 있다. 하지만 정말 어려운 연주는 느린 속도를 유지하면서 정확한 템포로 연주하는 것이다. 건반악기뿐 아니라 현악기 연주도 그렇다. 느리게 연주하면서 음정을 정확하게 맞추기가 더 어렵다. 금관악기도 강하게 부는 것보다 약음으로 길게 연주하는 것이 실제로 더 어렵다. 빠른 속도는 연주의 오류를 감추기 위한 속임수일 때가 많다.

남보다 빨리 움직여 먼저 목적지에 도착하는 것은 능력이 아니다. 밤을 새워 공부해서 시험 잘 보는 거야 누군들 못 하겠는가? 장자가 이야기한 것처럼 메아리가 싫다고 큰 소리를 지르면 더 시끄러운 소리로 되돌아오고, 그림자가 싫다고 더 빨리 달리면 그림자도 더 빨리 따라오는 법이다. 이 가을에 낙엽 지는 소리도 좀 듣고 그러자. 삶은 정지한 순간이 많을수록 풍요로워지는 법이다. (2017. 11. 6.)

혼자 있는 것에 관하여

얼마 전 택시를 타고 가다 청취자의 편지를 읽어주는 라디오 방송을 들었다. 사연은 대략 이랬다.

"저는 회사원입니다. 그런데 최근 팀장이 바뀌면서 점심시간을 빼앗겼습니다. 팀장님의 요구로 점심을 다 같이 모여서 먹고 식사가 끝나면 함께 운동해야 합니다. 직장인이 쉴 수 있는 유일한 시간이 점심시간인데 제발 그 시간만이라도 혼자 있게 해줄 수 없나요?"

혼자 있고 싶어 하는 간절함이 잘 전해지는 이야기였다. 편지의 주인공은 어떤 이유로 혼자 있고 싶어 했을까? 누구나 혼자 있으면 외롭게 마련이다. 하지만 혼자 있는 순간이 없다면 자기만의 시간도 없다. 자기만의 시간이 없다면 삶을 송두리째 빼앗긴 것과 다름없는 박탈감을 느끼지 않을까.

그러고 보니 언젠가 "가장 행복하다고 느낄 때가 언제냐?"라는 설문에 '혼자 있을 때'라고 답한 사람이 가장 많았다는 보고서를 읽었다. 처음에 나는 보고서의 내용을 의심했는데 편지에 적힌 사연을 듣고 나니 과연 그렇구나 싶다. 그렇다면 한국인이 외로운 이유는 혼자 있어서가 아니라 혼자 있지 못해서다. 고독마저 박탈당한 진정한 외로움이란 이런 것이 아닐까.

잠시 혼자라는 말을 생각해보았다. 혼자라는 말에는 어떤 숭고함이 깃들어 있다. 사색이 가능할 때는 혼자 있을 때뿐이다. 내면을 응시하고 자신과 대화하는 것도 혼자 있을 때 가능하다. 멋진 착상 또한 혼자 있을 때 불현듯 찾아오는 경우가 많다. 더욱이 위대한 예술은 말할 것도 없거니와 모든 글은 외로움의 산물이 아니던가. 그렇다면 혼자 있고 싶어 하는 마음이 아닌, 혼자 있는 것을 이상하게 바라보는 시선이 병든 것이다. 그래, 오늘 점심은 혼밥이다. (2017. 11. 9.)

가난에 관하여

연암 박지원이 최고의 문장가로 꼽았던 청장관 이덕무는 당시 조선에서 책을 가장 많이 읽었던 사람으로 꼽힌다. 가난한 처지에 어찌 그리 많은 책을 읽을 수 있었을까? 가빈무서(家貧無書: 집안이 가난해서 책이 없다)라고, 전통 시대 책은 무척 비싼 물건인지라 가난한 사람은 책을 구하기 어려웠다.

이덕무가 얼마나 가난했는지는 시집간 누이동생의 죽음을 애도하는 「제매서처문(祭妹徐妻文)」에 여실히 드러나 있다. 여섯 살 아래였던 누이는 폭우가 쏟아지던 어느 여름날 숨을 거두었다. 마지막으로 남길 말이 있느냐는 남편의 물음에 "저녁을 드셔야지요"라는 말을 남기고 다음 날 세상을 떠났다. 자신이 제대로 먹지 못해 영양실조에 걸려 죽는 이가 남은 가족들을 염려하며 남긴 말이니 편안히 눈을 감지 못했음은 말할 것도 없다. 제문에는 그녀가 죽기 하루 전부터 집안 식구들 모두 밥을 굶었다 한다.

서얼 출신이라 벼슬에 나가지 못했던 이덕무는 정조의 배려로 규장각 검서가 되면서 형편이 조금 나아졌지만 워낙 박봉이라 가난에서 벗어날 수는 없었다. 비록 정조가 소소한 선물과 먹을거리를 종종 내려주기는 했으나 생활의 어려움은 여전했다. 한번은 이덕무의 사정을 딱히 여긴 이가 임금 정조에게 재물을 넉넉히 내려 도와주시라고 간청하자 정조는 이렇게 대답하며 따르지 않았다.

"가난은 선비의 재산이다."

나는 처음 정조의 이 말을 접하고 이루 말할 수 없는 분노를 느꼈다. 루소가 이르길 왕은 결코 백성을 동정하지 않는다더니 과연 그렇구나. 정조도 결국 왕이니 다를 것이 없구나. 심지어 조선이 일찍 망했다면 이덕무 같은 문인이 가난하게 살지 않았을 것이라고까지 생각했다. 하지만 종내 정조의 저 말이 잊히지 않고 환청처럼 머릿속에서 맴돌았다.

"가난은 선비의 재산이다. 가난은 선비의 재산이다……."

잊히기는커녕 부정하면 부정할수록 오히려 더 또렷하게 들려왔다. 참으로 이상했다. 틀린 말이라면 이럴 리가 없지 않은가.

오늘 이덕무의 글을 읽다가 나는 문득 깨달았다. 이덕무의 아름다운 문장은 가난의 소산이라는 것을. 이덕무가 만약 가난하지 않고 호의호식했다면 거미가 집 짓는 이야기를 글로 쓸 까닭이 없었을 테고 동네 아이들이 주고받는 이야기, 쇠똥을 굴리는 쇠똥구리 이야기, 눈 내리는 새벽이나 비 오는 저녁에 혼자만의 외로움을 달래는 이야기가 글로 남지 않았을 것이다. 범속한 자들은 감히 흉내조차 내지 못할 그 아름다운 글 말이다.

　나는 가난하게 살기 싫다. 하지만 정조의 저 말을 끝내 부정하지는 못할 것이다. (2017. 11. 15.)

벗에 관하여

자사가 초빙을 받아 노나라 목공에게 갔을 때의 일이다. 노나라 목공이 자사에게 이렇게 말했다.

"과인이 벗으로 사귀고 싶습니다."

그러자 자사는 이렇게 대꾸했다.

"도(道)로 말하면 그대는 나에게 배워야 할 사람이니 스승으로 모신다고 해야지 어찌 사귄다는 말을 할 수 있겠습니까. 또 신분으로 말하면 나는 당신의 신하이니 내가 어찌 감히 당신과 벗으로 사귈 수 있겠습니까."

목공은 속으로 찔끔했을 것이다.

자사의 말은 "당신의 신하가 될지언정 벗이 되지는 않겠다"라는 뜻이다. 군신 간의 관계야 사회적 제약 때문에 어쩔 수 없다 치더라도 벗으로 인정하느냐 마느냐는 온전히 한 사람의 선택에 달려 있으니.

벗은 가장 높은 자리에 있는 사람이다. (2016. 1. 28.)

이야기에 관하여

얼마 전 문학평론가 문영희 선생에게 『대학강의』를 보내드렸다. 문영희 선생은 평론가답게 글을 읽고서, 글쓴이의 본질을 한눈에 꿰뚫어 보는 안목을 가진 분이다. 두어 해 전 『장자강의』를 드렸을 때는 책을 다 읽은 뒤, 나를 두고 '학자 이야기꾼'이라고 했다. 나는 대체로 어떤 사람이 한마디로 나를 규정하거나 평가할 때 좋은 뜻이라 해도 유쾌했던 적이 별로 없었는데, 그때만은 내심 지기를 만난 듯 기뻤다. '학자'라는 말은 다소 부담스러웠지만 '이야기꾼'이라는 호칭은 무척 마음에 들었다.

이야기꾼이라는 말을 듣고 기뻐한 것은 이야기야말로 내가 지금껏 세상과 관계를 맺어온 가장 소중한 수단이기 때문이다. 나는 할머니의 이야기를 들으면서 유년기를 보냈다. 어린 시절 내가 살던 곳은 주변에 이웃집이라곤 없는 산골짜기였다. 함께 어울릴 친구가 전혀 없었지만 할머니의 이야기가 있었기에 나는 누구도 부럽지 않을 만큼 행복한 유년기를 보낼 수 있었다. 하지만 초등학교에 들어가면서 금방 불행해졌다. 학교에서 친구들과 잘 어울리지 못하고 선생님의 눈에 뜨이지도 못했으며, 시키는 일도 잘 못 하고 누가 뭘 물어도 쭈뼛쭈뼛 대답도 잘 못 하는 천덕꾸러기였다.

그렇게 외톨이로 학교를 다니던 내가 다시 행복해진 것은 1972년, 그러니까 초등학교 4학년 때의 어느 날부터였다. 아버지가 커다란 박스를 들고 온 그날을 나는 잊지 못한다. 무거운 박스 안에는 금성출판사에서 펴낸 '소년소녀세계문학전집'이 가득 들어 있었다. 다시 이야기와 만난 것이다.

이야기와 만났다는 건 세상을 다시 만난 것과 같았다. 나는 밤을 새워가면서 이야기를 읽었고 갑자기 말문이 트인 아이처럼 학교에 가면 책에서 읽은 내용을 이야기했다. 친구들이 주변에 모여들었다. 당시에는 선생님이 하루에 한 시간 정도는 정규 수업 대신 이야기를 하면서 아이들을 가르치는 경우가 많았는데 가끔은 학생더러 대신 이야기를 하게 했다. 그런 시간이 되면 친구들은 으레 내 이름을 부르면서 이야기할 사람으로 추천했고, 그런 일이 반복되자 급기야 선생님이 처음부터 나를 지목하기에 이르렀다.

당시 내 이야기 목록에는 신밧드의 모험, 걸리버 여행기를 비롯하여 플란다스의 개, 집 없는 아이 루미, 몽유병을 앓는 알프스의 소녀 하이디, 해저 2만 리, 우주전쟁 등 수십 가지였는데, 외눈박이 거인이나 잭과 콩나무 이야기는 더욱 인기가 있었다.

때론 이야기의 결말을 내가 바라는 대로 슬쩍 바꾸거나 지어낸 이야기를 끼워 넣기도 했는데, 그런 이야기를 친구들이 재미있게 들어줄 때면 마치 새로운 세상을 만들기라도 한 것처럼 신이 났다. 내 이야기는 초등학교를 마치고 중학교에 진학하고 나서도 계속되었다. 나의 청중이 되어준 초등학교 시절 친구들이 대부분 같은 중학교에 진학했기 때문이다. 하지만 내가 서울로 전학하게 되면서 이 시절은 막을 내렸다.

서울로 오면서 나의 이야기는 끝이 났다. 서울에서도 이야기를 해보려 하지 않았던 것은 아니다. 하지만 서울 친구들은 대부분 00 시리즈 따위의 우스갯소리를 하면서 시간을 보냈고 아무도 내 이야기에 귀 기울이지 않았다.

나의 소년 시절은 그렇게 끝났고 나는 다시 외톨이가 되었다. 하지만 나는 예전처럼 쉽게 불행해지지 않았다. 내 안에 남아 있는 이야기가 나를 지켜주었기 때문일 것이다. 오늘처럼 이렇게 추운 날이면 교실 벽 한쪽, 햇볕이 따뜻하게 내리쬐던 곳이 생각난다. 내가 떠나온 바로 그곳, 옹기종기 모여 이야기를 들어주던 고마운 친구들이 있던 곳이다. (2018. 1. 24.)

성찰에 관하여

빅토르 위고의 『레 미제라블』에서 미리엘 신부는 장발장에게 따뜻한 음식과 잠자리를 제공하는 환대를 베풀었다. 그래서 장발장이 바뀌었는가? 아니다. 장발장은 우리의 기대를 저버리지 않고 새벽에 일어나 성당의 은그릇을 훔쳐 도주했다.

장발장이 마음을 고쳐먹은 것은 경찰에 붙잡혀 미리엘 신부 앞에 끌려갔을 때 신부가 은그릇마저 내주며 변호해주었을 때다. 어떤 이들은 신부가 장발장을 위해 선의의 거짓말을 했다고 하지만 나는 그렇게 생각하지 않는다. 그는 처음부터 장발장을 진심으로 환대했다. 거짓에서 진심이 나오는 법은 없다.

진심 어린 환대라 하더라도 자기성찰이 따르지 않으면 상대의 변화를 기대할 수 없다. 알량한 환대로 상대가 변하기를 바라는 것은 배부른 자의 오만일 뿐이다. 장발장의 변화는 미리엘 신부의 자기성찰에서 시작된 것이다.

그 이튿날 해가 뜰 무렵, 비앵브뉘 예하는 정원을 거닐고 있었다. 마글루아르 부인이 허둥지둥 그에게 달려왔다. "주교님, 주교님." 그 여자는 외쳤다. (⋯⋯) "그 사내가 달아나 버렸어요. 은그릇을 훔쳐 가지고!"(⋯⋯) 주교는 한동안 잠자코 있다가, 정색을 하고 눈을 들며 부드러운 목소리로 마글루아르 부인에게 말했다. "그런데 그 은그릇이 우리 물건이던가? 마글루아르 부인, 오래전부터 그 은그릇을 가지고 있었지만 그건 내 잘못이었소. 그건 가난한 사람들의 것이오. 그런데 그 사내는 어떤 사람이었지? 틀림없이 가난한 사람이었소."* (2018. 7. 12.)

---

* 빅토르 위고, 『레 미제라블』 1, 정기수 옮김, 민음사, 2012.

이긴다는 것에 관하여

승리란 무엇일까? 작고한 신영복 선생이 러시아 여행에서 겪었던 일과 소회를 기록한 짤막한 글을 읽은 적이 있다. 선생이 모스크바에 있는 러시아 전승기념관에 갔을 때의 일이다. 기념관 광장에는 높이 141.7미터의 거대한 기념탑이 서 있었는데 맨 꼭대기에는 한 여성이 두 팔을 벌리고 앞으로 나아가는 모습의 조각상이 설치되어 있었다. 이상하게 여긴 선생이 관계자에게 "왜 승전을 기념하는 장소에 저런 조형물을 세웠느냐?"라고 묻자 이런 대답이 돌아왔다.

"전쟁에서 이겼다는 것은 자식이 살아서 돌아온다는 뜻입니다. 그래서 자식을 맞이하는 어머니의 조각상을 세웠습니다."

이 말을 듣고 신영복 선생은 문득 부끄러움을 느꼈다고 했다. 전쟁의 승리를 기념하는 곳이라면 으레 전진을 외치는 용맹한 군인이나 강력한 무기를 전시하는 것이 일반적이라고 생각했기 때문이다.

미국의 남북전쟁이 한창이던 1862년 9월, 에이브러햄 링컨 대통령은 노예 해방령을 선포했다. 전쟁이 끝난 뒤 그는 겉만 민주주의요 실제로는 노예제 국가였던 당시의 미국을 바꾸기 위해 1865년에 이르러 마침내 헌법을 수정하여 노예 해방을 이루어냈다. 영화 〈링컨〉에는 이런 장면이 있다. 전쟁이 한창이던 어느 날 링컨은 백악관에서 잡역부로 일하던 한 흑인 여성과 마주쳤다. 그가 그녀에게 "난 아직도 당신이 누군지 잘 모르겠어"라고 말하자 그녀가 이렇게 대답했다.

"내가 누구냐고요? (당신들과 마찬가지로) 전쟁터에 나간 자식을 기다리는 엄마입니다."

비슷한 이야기가 또 있다. 영화 〈벤자민 버튼의 시간은 거꾸로 간다〉 초반부에 개토라는 눈먼 시계공 이야기가 나온다. 당시 최고의 시계 기술자였던 개토는 시(市)의 의뢰를 받아 시계를 제작한다. 그가 제막식에 참석하여 시계를 작동시키자 사람들이 깜짝 놀란다. 시곗바늘이 반대 방향으로 돌아갔기 때문이다. 사람들이 시계가 잘못 만들어졌다고들 하자, 그는 이렇게 말한다.

"전쟁터에서 죽은 아이들이 살아 돌아오기를 바라는 마음에서 일부러 그렇게 만들었습니다."

세 이야기의 시대적 배경은 다르지만 모두 전쟁에서의 승리란 전쟁터에 나간 젊은이들이 살아서 돌아오는 것이라는 이야기를 하고 있다.

　장 자크 루소는 『사회계약론』에서 국가의 구성원 모두는 필요하다면 조국을 위해서 싸워야 한다고 주장했다. 왜냐하면 만약 국가가 없는 자연 상태라면 누구나 자기의 생존에 필요한 것을 지키기 위해 각자 목숨을 걸고 싸워야 할 테고 그 결과 국가가 있을 때보다 더 자주 위험에 빠질 것이기 때문이라고 했다.

　그는 국가의 책임 또한 강조하여, 구성원들이 국가에 바친 목숨도 끊임없이 보호해야 한다고 주장했다. 그렇게 하면 결국 국가의 구성원들이 국가를 지키기 위해 목숨을 거는 일은 그들이 국가로부터 받은 것을 국가에 되돌려주는 일이 된다. 그러니까 국가의 구성원들이 목숨을 걸고 전쟁터에 나아가 국가를 지키는 것은 그 국가가 바로 자신을 지켜주기 때문이다. 누구나 국가를 위해 싸우지만 아무도 자기 자신을 위해서 싸울 필요가 없게 하는 것. 그것이 루소를 비롯한 18세기 계몽주의 철학자들이 새로운 국가를 꿈꾸며 품었던 이상이다.

　전쟁에서의 승리는 이런 것이다. 흔히 승리는 적국을 격파하는 것이라고 생각하기 쉽다. 하지만 진정한 승리의 요건은 적을 얼마나 많이 죽였느냐가 아니라 자국민의 생명을 얼마나 잘 보호했느냐에 있다. 전쟁터에 나아간 병사들 또한 마찬가지다. 그들이 국가를 지키기 위해 목숨을 건 만큼 국가 또한 그들의 생명을 지키기 위해 모든 것을 걸어야 한다. 유사 이래 명분 없는 전쟁은 없었다. 온갖 이름을 붙인 전쟁이 있지만 가장 훌륭한 승리란 오직 가장 잘 지킨 것에 있다.

전쟁터에 나간 자식을 기다리던 그 어머니는 얼마나 많은 밤을 하얗게 지새우며 오직 살아 있으라는 말만을 되뇌었을까? 나는 글을 읽으며 언젠가 러시아 전승기념관을 찾아 자식을 맞이하는 기쁨으로 빛나고 있을 그 어머니의 얼굴이 직접 보고 싶어졌다. 진정한 승리란 살아서 돌아오는 것이다. (2020. 11. 5.)

깨달음에 관하어

파드마 삼바바의 『티벳 사자의 서』에는 태어난 지 1년밖에 안 된 아이를 잃고 슬퍼하는 크리샤 고타미라는 여인의 이야기가 나온다. 그녀는 아이의 죽음을 받아들이지 못하고 시신을 안고 돌아다니며 사람들을 만날 때마다 아이를 살려달라고 간청한 다. 누구도 도움을 주지 못하지만 끝내 포기하지 못하고 하소연을 멈추지 않자 그녀를 안쓰럽게 지켜보던 어떤 사람이 붓다를 찾아가 보라고 권한다. 이에 고타미는 붓다를 찾아가 아이의 시신을 내려놓고 살려달라고 애원한다. 붓다는 이렇게 말한다. 마을에 내려가 지금까지 가족이 아무도 죽은 적이 없는 집을 찾아서 겨자씨 한 알을 얻어오라고. 그러면 당신의 소원을 들어주겠노라고.

마을로 내려온 고타미는 집집마다 돌아다니며 붓다의 지시를 따르려 하지만 목적을 이루지 못한다. 겨자씨는 어느 집에서나 쉽게 얻을 수 있었지만 '가족이 지금까지 아무도 죽은 적이 없는 집'은 끝내 찾지 못했다. 고타미는 결국 빈손으로 돌아가 붓다를 만났는데 그때 이미 깨달았다고 한다.

깨달음이란 이처럼 지식의 양과는 상관이 없다. 고타미가 붓다를 만나기 전이나 만난 뒤나 지식의 양은 달라지지 않았다. 사람은 누구나 죽고 죽은 사람은 다시 살아나지 못한다는 이치야 굳이 마을을 돌아다니지 않아도 알 수 있기 때문이다. 그렇다면 그녀는 어떻게 깨달음을 얻을 수 있었을까?

아마도 그녀가 마을의 모든 집을 돌아다니며 겨자씨를 얻으려 할 때마다 그 집에서 죽은 사람들과 그들의 죽음을 슬퍼하는 가족들의 이야기를 들었을 것이다. 그리고 함께 슬픔을 나누며 서로 위로했을 것이다. 고타미는 그러한 행위 언저리에서 깨달음을 얻지 않았을까.

위로하지 않는 자는 위로받지 못하는 것이다. (2018. 7. 14.)

반복에 관하여

베토벤의 〈엘리제를 위하여〉를 아나톨 우고르스키의 연주로 들으며 새해 첫날을 맞는다.

어린 시절 나는 아주 잠깐 피아노를 배운 적이 있다. 나를 가르치던 선생님은 종종 이 곡을 들려주면서 "베토벤의 〈엘리제를 위하여〉를 제대로 치기 시작하면 비로소 피아니스트가 된 것"이라고 이야기하곤 했다.

피아노 레슨은 오래가지 못했다. 선생님은 〈엘리제를 위하여〉는 밀쳐두고 바이엘만 치게 했는데, 내가 그토록 단순하고 반복적인 연습에 금방 질려버렸기 때문이다. 그 결과 피아노를 배운 기간은 내게 쓸모없는 시간이 되고 말았다.

훨씬 뒤 나는 다른 공부를 하면서 그처럼 단순하고 반복되는 과정을 견뎌내지 않고는 아무것도 이룰 수 없음을 깨달았다. 아쉽다. 내가 그 사실을 조금 일찍 깨달아 〈엘리제를 위하여〉를 칠 수 있을 정도로 피아노를 배웠더라면, 오늘 나는 가족들 앞에서 이 곡을 연주하면서 새해를 맞이했을 것이다. 아마 백배는 더 행복했을 것이다. (2019. 1. 1.)

새로움에 관하여

이제는 새롭지도 않은 에릭 사티의 〈그노시엔느〉를 듣는다. 나는 사티의 음악을 처음 접했을 때 이해하지 못했다. 당연한 일이다. 그가 1879년 파리 음악원에 입학했을 때 선생들은 그를 두고 재능이 없다고 했다. 그뿐만 아니라 동시대를 살았던 천재들, 드뷔시나 라벨 또한 그의 음악을 이해하지 못했다.

그가 말한 대로 그의 음악은 자연스럽지도 않았고 프랑스답지도 않았다. 그렇다고 독일이나 미국풍이라는 이야기는 아니다. 사람들이 그의 음악을 이해하지 못한 것은 새로웠기 때문이다. 분야를 막론하고 당대인들은 새로운 것을 이해하지 못한다. 새로움은 익숙함과 반대편에 있어서 늘 낯설고 이상한 것으로 다가오기에 배척받는다. 그것이 새로운 것의 운명이다.

하지만 새로움은 한곳에 머물지 않는다. 제아무리 새로운 것일지라도 언젠가는 진부해지게 마련이다. 그가 하나의 동기를

840번 반복해서 연주하도록 지시한 〈짜증〉이라는 곡을 작곡한 것은 새로움의 변덕스러움을 알고 있었기 때문이 아닐까?

새로움은 이전에 없던 것을 의미하지도 않는다. 어떤 새로움은 보다 오래된 것이다. 사티를 듣다가 사티 아닌 것을 들으면 새롭다. 말러를 듣다가 베토벤을 들으면 새롭고 모차르트를 듣다가 바흐를 들으면 새롭다. 새로움은 때로 거꾸로 가기도 한다. 새로움이 항상 전진만 하는 것은 아니다.

사티로 시작했지만 사티를 위한 글이 아니게 되고 말았다. 사티는 이렇게 또 한 번 배척받는다. 그가 원했던 바, 새로움의 이름으로. (2019. 2. 9.)

독서에 관하여

나는 운동가도, 이론가도 아닌 평범한 독서인이다. 좋은 책을 만나면 곁에 두고 읽고, 마음에 드는 구절이 나오면 암기해두었다가 두고두고 음미한다. 사회운동 경험이 없으니 세상을 바꿀 방법을 알지 못하고, 이론을 창안한 적이 없으니 앞날을 내다보지 못한다. 그래도 좋은 글에 의지하여 길을 가다 보면 바라는 곳에 가까이 갈 수 있지 않을까 하는 희망을 버리지 않는다.

중국의 철학자 펑유란(馮友蘭)은 미지막 저서 『중국현대철학사』의 「서문」에서 "높은 산 바라보며 큰 길을 가네. 비록 이르지 못할지라도 마음만은 그곳을 향하네〔高山仰止 景行行止* 雖不能至 心向往之〕"라는 말로 절필했는데, 내 마음과 같다. (2018. 8. 19.)

---

* '高山仰止 景行行止(고산앙지 경행행지)', 이 두 구는 『시경』 「소아」에 나온다.

사람의 씨앗

초판 1쇄 발행 2021년 1월 11일

지은이 | 전호근
편집 | 박기효·문해순
디자인 | 여상우

펴낸이 | 박숙희
펴낸곳 | 메멘토
신고 | 2012년 2월 8일 제25100-2012-32호
주소 | 서울시 은평구 연서로26길 9-3 동양오피스텔 301호(대조동)
전화 | 070-8256-1543 팩스 | 0505-330-1543
이메일 | mementopub@gmail.com

ⓒ전호근

ISBN 978-89-98614-83-6 (03150)

이 도서의 국립중앙도서관 출판예정도서목록(CIP)은 서지정보유통지원시스템 홈페이지
(http://seoji.nl.go.kr)와 국가자료공동목록시스템(http://www.nl.go.kr/kolisnet)에서
이용하실 수 있습니다. (CIP제어번호: CIP2020054401)

파본은 구입하신 서점에서 바꾸어 드립니다. 책값은 뒤표지에 있습니다.